UNE FRANCOPHONIE PLURIELLE
LANGUES, IDÉES ET CULTURES EN MOUVEMENT

 *Etudes Romanes 59*

Collection dirigée par
Anita Berit Hansen
Hanne Jansen

Dans la rédaction :
Hans Peter Lund
Anita Berit Hansen

INSTITUT D'ÉTUDES ANGLAISES, GERMANIQUES ET ROMANES
UNIVERSITÉ DE COPENHAGUE

Une francophonie plurielle

Langues, idées et cultures en mouvement

Recueil édité par
Lise Toft
et
Lisbeth Verstraete-Hansen

MUSEUM TUSCULANUM PRESS
UNIVERSITY OF COPENHAGEN
2009

Lise Toft & Lisbeth Verstraete-Hansen (éds) :
Une francophonie plurielle. Langues, idées et cultures en mouvement

© Museum Tusculanum Press et les auteurs 2009
Etudes Romanes vol. 59
Mise en pages : Nils Soelberg
Imprimé au Danemark par Special-trykkeriet Viborg
ISBN : 978-87-635-0783-7
ISBN : 1395 9670

Publié avec le soutien financier des fondations suivantes :
La fondation Birthe et Knud Togeby
Le Conseil national danois de recherches en culture et communication
  (Forskningsrådet for Kultur og Kommunikation)
La fondation Knud V. Hender
La fondation Viggo Brøndal

Museum Tusculanum Press
Université de Copenhague
Njalsgade 126
DK-2300 København S
Danemark
www.mtp.dk

Table des matières

Lise TOFT et Lisbeth VERSTRAETE-HANSEN
   Introduction : une francophonie plurielle 7

Jean-Marie KLINKENBERG
   Quel avenir pour le français au XXIe siècle ? 17

Marie-Madeleine BERTUCCI
   L'intégration des migrants dans la société française : situation linguistique, territorialisation, minorisation ? 33

Daniel MAGGETTI
   Du français mâtiné de langues étrangères : un supplément de sens ? .. 47

Lise GAUVIN
   Écrire le français au Québec : positions et propositions des écrivains .. 59

Florence DAVAILLE
   Un exemple d'« engagement » linguistique en communauté francophone : la question du joual *au Québec dans les années 1960/1970* .. 71

Lucie HOTTE
   Littérature, identité et altérité : l'instauration de champs littéraires spécifiques au Québec et en Ontario français 81

Carine CORAJOUD
   Les Cahiers vaudois : *une redéfinition de l'identité littéraire suisse romande* 93

Jean-Marc MOURA
   Le postcolonialisme en France : vers un renouveau des études francophones ? 103

Charles BONN
   Littérature maghrébine francophone et théorie postcoloniale 117

Alain MABANCKOU
   De la littérature francophone à la « littérature-monde » en langue française : éloge de l'oiseau migrateur 133

Daniel CHARTIER
   Le cinéma du pays de la neige devient pluriculturel 141

Pierre-Philippe FRAITURE
   Entre magie et historicité : Un Soir, un train *d'André Delvaux* ... 155

Sébastien LANGEVIN
   La bande dessinée en Afrique subsaharienne francophone 169

Notices bio-bibliographiques 179

Droits d'auteurs des illustrations 185

Introduction
Une francophonie plurielle

Ce volume de la collection *Etudes Romanes* réunit une sélection des communications présentées lors des dernières *Journées de la francophonie* tenues à l'Université de Copenhague. Organisées depuis 2001, ces journées, qui tendent à devenir une tradition, sont devenues le rendez-vous annuel entre d'éminents conférenciers internationaux et plusieurs centaines d'étudiants, enseignants du secondaire, chercheurs, journalistes, traducteurs et nombre de personnalités de la vie culturelle danoise. Succès réjouissant parce qu'il prouve que les *études francophones* rencontrent les demandes d'un public nombreux.

On savait que l'intérêt était là : dans une enquête réalisée en 2000 auprès des étudiants en français à l'Université de Copenhague, une majorité importante avait exprimé le souhait de voir les études françaises s'ouvrir davantage à la francophonie. Ouverture réalisée par l'enseignement secondaire dès 1988 lorsqu'un décret ministériel a fait des « cultures de langue française hors de France » un volet obligatoire de l'enseignement du français au lycée. L'initiative a inspiré une révision du programme des études françaises à l'Université, où sont formés les futurs professeurs du secondaire : depuis 1998, le deuxième cycle comporte obligatoirement des éléments francophones d'ordre linguistique, littéraire ou culturel. Changement important que nous saluons et espérons encourager par la publication du présent livre.

En ce qui concerne la situation générale des études françaises dans le monde, Antoine Compagnon constate en 1999 que dans les universités anglaises et américaines, les études culturelles, postcoloniales et autre *gender studies* ont relégué toute une tradition historico-culturelle et littéraire française à l'arrière-plan au bénéfice de productions culturelles issues d'espaces dominés – symboliquement, économiquement et/ou politiquement[1]. Cette évolution a été plus hésitante ailleurs. Cela explique pourquoi, à l'automne 2006, un grand nombre de personnalités de France et des mondes francophones – professeurs de l'enseignement secondaire et supérieur, écrivains, présidents des universités, lycéens, etc. – se sont regroupées pour se prononcer, dans une lettre ouverte au Ministre de l'Éducation Nationale et à l'Inspection Générale des Lettres, pour une extension de l'enseignement des littératures francophones en France dans les divers secteurs du système éducatif français. Intitulée *PÉTITION pour l'enseignement des* LITTÉRATURES FRANCOPHONES *en France*, la lettre prend acte d'une série de reconnaissances institutionnelles des Francophonies pour constater qu'une

> [...] page est désormais tournée, celle de la relégation des littératures francophones dans les périphéries de la littérature, au nom d'une conception restrictive de la littérature française. Cette évolution bienvenue et tardive tient compte d'une réalité encore trop souvent méconnue : plus de titres en français sont publiés hors de France qu'en France même.
>
> Il est essentiel que l'enseignement des lettres en France en tienne davantage compte afin de fournir aux élèves et aux étudiants des outils pour comprendre cette réalité. Que dirait-on d'études des langues et civilisations de l'anglais qui méconnaîtraient les écrivains américains ou encore d'études de l'espagnol ou du portugais qui tairaient les écrivains d'Amérique latine[2] !

C'est pour tenir compte de l'importance de cette réalité qu'ont été organisées les *Journées de la francophonie*. Et c'est pour offrir un prolongement à ces journées que nous avons décidé de réunir les communications qui, selon des voies différentes mais complémentaires, tracent les contours de ce que l'on peut appeler les *études francophones* : le statut et la place du français dans la dynamique des langues ; les rapports entre le(s) français et ses utilisateurs ; la rencontre entre traditions littéraires françaises et littératures écrites en français ailleurs ; les tensions – politiques ou symboliques – entre espaces vécus ou perçus comme centre et périphérie ; la décolonisation ; la confrontation entre idéologie, langue et culture ; le lien – revendiqué ou rejeté – entre création artistique et ces interrogations identitaires qui obstinément refont surface dans les différents champs culturels francophones.

Les textes rassemblés cernent les enjeux et relèvent les défis des *études francophones*. Ils ne proposent pas pour autant une définition précise de ce

---

[1] Antoine Compagnon (1998) : « Pourquoi le français devient une langue comme les autres ». *Cahiers de l'Association internationale des Études françaises*, n° 50, mai 1998.

[2] La lettre ouverte est reproduite sur le site http ://www.lianes.org.

Introduction : une francophonie plurielle

que sont – ou pourraient être – de telles études ; c'est que les vocables « francophone » et « francophonie » continuent de provoquer autant de boucliers levés que de bras ouverts. Que certains usages du mot « francophonie » dérangent, on l'admettra volontiers. Mais plutôt que de gloser sur l'idéologie insidieuse véhiculée par ces mots, sur l'inapproprié de vocables renvoyant davantage à l'oralité qu'à l'écrit et, surtout, sur l'impossibilité d'établir une distinction claire entre *études francophones* et *études françaises*, nous avons opté pour une attitude pragmatique : la présentation de travaux concrets faits par des spécialistes de haut calibre. Cette juxtaposition d'études sur des problématiques communes aux différents aires francophones nous a paru le moyen le plus fructueux pour donner une consistance empirique aux discours sur l'intérêt, pour la recherche et pour l'enseignement, de la francophonie.

La francophonie est un concept dont l'acception est tour à tour linguistique, géographique, politique et culturelle. De quelle «francophonie» sera-t-il alors question ici ? De celle qui s'écrit avec un « F » majuscule et qui s'est institutionnalisée à travers l'Organisation Internationale de la Francophonie ? Ou bien de celle qui s'écrit avec un petit « f » et qui, comme une sorte d'exercice obligé, demande aux chercheurs et aux créateurs concernés une abjuration de la première, considérée comme entreprise avant tout idéologique ? Le lecteur verra que la francophonie qui se dégage des études qui suivent est en tout cas une francophonie loin des visions lisses et consensuelles d'une communauté culturelle harmonieusement unie par une seule langue, celle de l'universalité, de l'humanisme et des droits de l'homme. La francophonie qui prend forme au fil des pages est au contraire une réalité vivante qui nous mènera du Québec à l'Afrique subsaharienne en passant par la Belgique, la France, la Suisse et le Maghreb ; une réalité constamment traversée par des conflits linguistiques, politiques, sociaux et culturels. C'est sur cette francophonie-là, considérée à la fois comme discipline d'enseignement en devenir et comme champ de recherche en chantier, que se penchent les études présentées ici. Si de politique on voit l'ombre, il s'agit avant tout de politique éducative et de recherche.

Il est clair qu'en voulant promouvoir des soi-disant *études francophones*, on s'engage sur un terrain mouvant. Quel que soit le point de vue adopté – historique, politique, linguistique ou culturelle – l'ensemble francophone frappe par son hétérogénéité. On aura donc beau jeu de nous dire que toute distinction entre *études françaises* et *études francophones* relève de l'arbitraire. Cela est, en partie, vrai. Mais il n'est pas moins vrai que dans les pratiques, par exemple dans les programmes des études universitaires, cette disctinction se laisse observer comme le mécanisme qui réduit à la portion congrue tout ce qui relève d'une réalité sociale et culturelle hors de France. Une présence plus assurée des études francophones est donc à souhaiter et à encourager.

Il nous semble que l'heure est propice à un tel renforcement ! À un moment où, partout dans le monde, le nombre d'étudiants en langues étrangères (sauf l'anglais) recule à une vitesse effrénée et où les universités sont mises sous pression par les politiques qui exigent des recherches « utiles », « rentables » et « applicables », il est plus urgent que jamais de faire admettre aux décideurs que les études de langue, de culture et de littérature ne sont pas un luxe superflu. Dans ce combat, qui est aussi un combat contre l'institutionnalisation de l'hégémonie de l'anglais, les études francophones peuvent jouer un rôle clé : à travers les thématiques de la migration, du pluriculturel et de l'intégration qui constituent notre expérience quotidienne, les études francophones s'inscrivent à plein titre dans l'actualité politique. La francophonie, gage de dynamisme et d'innovation ? Les textes qui suivent en sont la preuve.

La première étude est consacrée à la place du français dans la dynamique globale des langues. Jean-Marie Klinkenberg dessine les conditions requises pour que le français reste une langue d'avenir au XXIe siècle. Face à la domination de l'anglais, susceptible de mener à une situation de diglossie mondiale, c'est-à-dire à une situation où une seule langue assure les fonctions économiques et administratives tout en réduisant les autres à un usage restreint aux cercles privés, le français peut assurer un rôle comme une des langues capables de garantir la diversité linguistique et culturelle. Il faudrait toutefois en finir avec la tradition de centralisme et d'essentialisme – bien ancrée et bien diffusée – qui continue de peser sur les représentations du français. Fondée sur un « discours qui vise à rendre monolithique aux consciences ce qui n'est objectivement qu'un conglomérat de variétés linguistiques », cette tradition de normativité a longtemps placé les locuteurs francophones hors de France dans une situation de minorités au plan linguistique.

Situation que vivent, à l'échelle locale, de nombreux migrants dans la société française, comme le met en évidence Marie-Madeleine Bertucci, qui aborde la question de l'intégration des migrants en croisant l'analyse de phénomènes linguistiques et sociaux. Touchant à des questions qui interpellent les acteurs de toutes les sociétés contemporaines, l'auteure montre que la perception ordinaire de la langue « des banlieues » – ici un français émaillé d'argot et des apports des langues d'origine – recouvre des mécanismes de minorisation-stigmatisation qui ont pour conséquence de « placer dans une altérité radicale les acteurs de la banlieue, de les surstigmatiser et surtout d'homogénéiser [...] des situations qui sont instables et hétérogènes ».

La langue – ou *les* langues – comme signe d'altérité, voire comme « supplément de sens », est une problématique que l'on retrouve dans l'ensemble des littératures francophones. Dans l'article suivant, Daniel Maggetti propose une analyse du plurilinguisme littéraire, c'est-à-dire de la présence de termes, d'expressions ou de citations en langue étrangère dans les textes en français. Le phénomène est frappant aussi bien dans la littérature « migrante » (qui est le fait d'écrivains dont le français n'est pas la langue d'origine), que dans les littératures francophones élaborées en dehors de l'Hexagone. À travers des exemples de la littérature suisse romande, Daniel Maggetti identifie, parmi les causes possibles de ce français mâtiné de langues étrangères, « le fait d'appartenir à un pays plurilingue, et d'être constamment en contact avec des univers linguistiques non francophones ». Expérience qui n'est pas sans influence sur les relations qu'on entretient avec le français et qui est partagée par la plupart des écrivains qui écrivent en français hors de France.

Les articles suivants démontrent comment, dans une conjoncture sociale et historique donnée, nombre d'écrivains francophones – québécois, ontariens, suisses, maghrébins, africains – ont retourné le stigmate de la langue en emblème d'une innovation esthétique. Ici se révèle l'immense potentiel comparatiste des littératures francophones qui, comme l'écrit Lise Gauvin en préambule à son étude sur la thématisation de la langue dans la littérature québécoise, « ont en commun de proposer, au cœur de leur problématique identitaire, une réflexion sur la langue et sur la manière dont s'articulent les rapports langues/littérature ». Lise Gauvin s'arrête plus particulièrement aux deux manifestes québécois dont le premier, *Speak White* (1968) de Michèle Lalonde, invite les francophones du Québec à prendre conscience de leur réalité de colonisés culturels, tandis que le second, *Speak what* (1989) de Marco Micone, met en garde contre les dangers d'un projet de société québécoise dont l'Autre serait exclu. Ce dernier texte insiste sur l'apport des migrants et sur la nécessité de les considérer comme des partenaires égaux dans le projet québécois.

Florence Davaille, pour sa part, nous montre qu'au Québec où le débat sur la situation de la langue fait rage au début des années 1960 la question du *joual* a joué un rôle capital pendant les années 1960-70 pour susciter une prise de conscience. Cette langue, parlée par la classe ouvrière à Montréal et caractérisée par des anglicismes et une syntaxe différente du français standard, a été considérée comme le signe de l'acculturation des Canadiens français découlant de l'omniprésence de l'anglais dans la société. À ce titre, elle a été utilisée par plusieurs auteurs pour décrire leur propre aliénation dans le langage. C'est Michel Tremblay qui a donné au *joual* ses premières pièces de théâtre dont une des plus célèbres reste *Les Belles-Sœurs* analysées dans le cadre de cette étude. Ressenti progressivement par les écrivains qui l'ont pratiqué « comme une étape dans la reconnaissance d'une culture québécoise », le joual disparaîtra peu à peu du discours littéraire.

Cependant, la mouvance nationaliste québécoise des années 1960 aura entraîné une rupture au sein de la grande famille littéraire canadienne-française. En parallèle avec le développement d'une littérature spécifiquement québécoise, des littératures en français émergent et se développent dans les autres provinces où vit une minorité francophone. Lucie Hotte décrit comment, à partir des années 1970, un champ littéraire spécifique se met en place en Ontario français où, comme c'est le cas pour le Québec, « face à un Autre majoritaire, imposant et menaçant, la littérature est investie du pouvoir de fonder une nation, de donner vie à une communauté, d'attester d'une identité collective ».

Cette thématisation d'une aliénation culturelle et linguistique (et, dans certains cas, politique) liée à une domination exercée par un centre extérieur, semble une étape obligée pour les littératures francophones. C'est seulement lorsque le cap de la reconnaissance d'une littérature « nationale » est franchi, que les écrivains parviennent à s'émanciper et à courir toutes les aventures esthétiques. En Suisse romande, nous montre Carine Corajoud, le moment fondateur de la modernité artistique est symbolisé par les *Cahiers vaudois* (1914-1920) dont les membres revendiquaient un art qui ne soit ni affilié à des contenus extra-littéraires, religieux ou politiques par exemple, ni soumis à des normes culturelles imposées de l'extérieur, c'est-à-dire en particulier de Paris. L'exemple de Ramuz montre qu'il ne s'agit nullement de revendications de type régionaliste ou patriotique, mais de la recherche d'une poétique propre dont les moyens stylistiques, bien qu'ancrés dans le local, puissent prétendre à s'élever vers une dimension universelle.

La littérature occupe une place importante dans ce volume, tout comme elle occupe une place importante dans l'enseignement du français, qu'il s'agisse du français langue maternelle ou du français langue étrangère, de l'enseignement secondaire ou de l'enseignement supérieur. C'est que la littérature est le lieu par excellence où convergent les dimensions esthétique, historique et sociale de la langue. Aussi faudrait-il, comme l'a dit Charles Bonn dans sa communication au congrès de l'Association Internationale de Littérature Comparée en 2005 « ne plus penser le littéraire que comme une activité élitiste coupée d'une réalité toujours mouvante »[3], mais, au contraire, comme producteur d'identités et de déchiffrements du monde. La formulation d'identités problématiques au sein d'une même langue constitue un défi que l'enseignement du français pourrait soulever en acceptant l'invitation au comparatisme interne faite par la francophonie.

---

[3] Charles Bonn : « Pour un comparatisme français ouvert à la francophonie et aux métissages culturels. Plaidoyer en forme de polémique », http://mondesfrancophones.com.

Pareil comparatisme ne saurait faire l'économie d'un débat théorique de fond. Jean-Marc Moura engage ce débat en retraçant les enjeux et la portée des études postcoloniales où s'enracinent, selon lui, divers modes d'interprétation adéquats pour la prise en compte du caractère transnational de la création littéraire francophone. Soulignant que l'importation de la démarche postcoloniale dans le domaine francophone détermine une série d'inflexions, Jean-Marc Moura indique quelques pistes de recherche pour des études littéraires renouvelées. Il s'en dégage un vaste programme débordant sans doute le cadre strict du postcolonialisme à l'anglo-saxonne lequel reste cependant « une perspective importante sur notre époque sans pouvoir naturellement prétendre donner une description complète et adéquate de notre monde et de nos littératures ».

Dans l'article suivant, certains des postulats sur lesquels repose la théorie postcoloniale sont mis à l'épreuve par Charles Bonn qui décrit la production littéraire algérienne de trois époques différentes. Charles Bonn défend le point de vue selon lequel la réception des textes algériens les enferme dans la seule fonction d'« affirmation forte de l'espace d'énonciation ». Or, le sens politique d'un texte est plus complexe à saisir ; le travail sur le signifiant, par exemple, peut avoir un sens éminemment politique. Mais s'agit-il pour autant, comme le voudrait la théorie postcoloniale, d'une « rupture par l'opacité du signifiant d'une périphérie d'avec un centre » ? Ou plutôt d'une modernité littéraire délocalisée où les écrivains maghrébins se mettent au diapason d'une littérarité mondiale ? Questions riches en perspectives, aussi pour d'autres littératures francophones, qui permettraient peut-être de mieux rendre compte des repères identitaires brouillés de l'ère postmoderne.

Ère qui a peut-être déjà renvoyé la francophonie au passé, comme l'affirmait une bonne quarantaine d'écrivains de langue française dans le manifeste *Pour une littérature-monde* paru dans *Le Monde* daté du 16 mars 2007. Texte dont on trouve un écho dans le présent volume sous la plume d'un des co-signataires, Alain Mabanckou, qui décrit le cheminement de la littérature francophone vers la « littérature-monde » en langue française qui, contrairement à celle couverte par l'étiquette « francophone », engloberait également l'écrivain français. Par ailleurs, Alain Mabanckou prend ses distances par rapport au rôle de porte-parole de communautés dominées souvent assigné à l'écrivain africain, « mission souvent nuisible à son épanouissement », et se dit « conscient et plus que convaincu que c'est en partant du 'local' qu'on atteint le monde, *l'universel* »... Ainsi, à près d'un siècle de distance, la quête poétique de C.F. Ramuz trouve des résonances dans l'éloge de l'oiseau migrateur d'Alain Mabanckou. « Littérature-monde » avant la lettre ?

Les derniers articles du volume traitent du cinéma et des bandes dessinées. Dans une analyse des œuvres marquantes du cinéma québécois contemporain, Daniel Chartier montre comment, au cours des dernières années, le cinéma québécois – suivant en cela l'évolution de la littérature – s'est ouvert aux courants du pluralisme culturel et de la redéfinition de l'identité. Ainsi, « l'autre » n'est plus représenté sous la figure de l'Anglais dominateur et mesquin ni comme l'immigrant d'origine variée (juive, palestinienne, norvégienne, française, allemande, etc.) mais s'inscrit plutôt « dans une représentation d'un métissage culturel qui permet d'ouvrir de nouvelles pistes d'interprétation ». C'est notamment à travers l'utilisation esthétique de l'hivernité – qui apparaît tour à tour, selon les époques, comme une différence vis-à-vis de la France (années 1960), puis comme un symbole identitaire détaché des courants nationalistes – que le spectateur peut mesurer l'émergence d'une symbolique d'appartenance pouvant être partagée par tous.

La symbolique du lieu est aussi à l'œuvre dans *Un Soir, un train* du cinéaste belge André Delvaux. Adapté d'une nouvelle de l'écrivain flamand Johan Daisne, le film transpose au cinéma la veine du réalisme magique, très féconde dans la littérature belge. Tout en évoquant le statut incertain du cinéma belge qui, en dépit des succès engrangés depuis une quinzaine d'années n'est toujours pas considéré comme représentatif d'une « tradition » nationale, Pierre-Philippe Fraiture met finement en lumière la complicité artistique qui lie Delvaux à une des grandes figures du cinéma belge, Henri Storck. La propension des deux cinéastes à problématiser l'objet Belgique se traduit dans le film de Delvaux par la mise en place d'un espace toujours prêt à basculer dans l'irréel. Sur fond de cet espace « interstitiel », le film se penche sur des événements clés du conflit « ethnico-linguistique » qui ne cesse de secouer la Belgique. En refusant de fixer des frontières, de délimiter des territoires, le film de Delvaux « débusque le caractère irrationnel de cette fausse logique qui sous-tend le nationalisme ».

Dans l'article qui clôt ce volume, Sébastien Langevin décrit, à travers un certain nombre d'exemples, les origines, les lieux et les défis de la bande dessinée en Afrique subsaharienne francophone. Tout en posant les premiers jalons d'une recherche sur ce domaine encore largement inexploré, l'article fait apparaître que la bande dessinée africaine est en quelque sorte à l'image de la francophonie même : véritable carrefour de langues, de cultures et d'arts.

La diversité est ainsi déclinée sur tous les modes dans ce volume qui n'occulte pourtant pas le fait que, si la diversité culturelle et linguistique constitue bien, comme on nous le dit si souvent et si bien dans des discours officiels, une inépuisable richesse, elle se vit – en réalité – souvent en termes de conflits, de tensions, voire de confrontations. Ce qui n'empêche pas aux mots, aux idées, aux cultures et aux personnes de se déplacer, se rencontrer, se brasser et de nourrir l'imaginaire artistique. Les *Journées de la francophonie* en ont reçu les témoignages forts d'Andreï Makine, Ying Chen, Dany Laferrière, Marie-Célie Agnant et Alain Mabanckou.

Si d'aucuns considèrent l'hétérogénéité des corpus et des approches de ce que nous appelons les « études francophones » comme une faiblesse, nous la voyons au contraire comme une force. Une force parce qu'elle permet de pratiquer ce que Charles Bonn a décrit comme un comparatisme interne à la francophonie (dont la France n'est pas exclue) qui prendrait en compte « des cultures très différentes, entre lesquelles le français permet le surgissement de littératures qui ne se conçoivent que dans la rencontre des modèles et des discours ». Là se trouve toute la raison d'être des études francophones – et une des voies d'avenir des études françaises.

Reste encore l'agréable tâche de remercier tous les partenaires qui ont rendu possible l'organisation des *Journées de la francophonie*. Nous tenons à remercier l'Ambassade d'Algérie, l'Ambassade d'Autriche, l'Ambassade de Belgique, l'Ambassade du Bénin, l'Ambassade de Bulgarie, l'Ambassade du Burkina Faso, l'Ambassade du Canada et le Ministère des Affaires Étrangères du Canada, la Délégation Générale du Québec à Londres, l'Ambassade de Chypre, l'Ambassade de Côte d'Ivoire, l'Ambassade d'Égypte, l'Ambassade de France et l'Institut français, l'Ambassade du Luxembourg, l'Ambassade du Maroc, l'Ambassade de la République tchèque, l'Ambassade de Roumanie, l'Ambassade de Suisse pour leur soutien généreux.

Nos remerciements vont aussi à l'Association Internationale des Études Québécoises, AIEQ, à l'Association Nordique d'Études Canadiennes, ANEC/NACS, et au Comité littéraire du Conseil des Arts danois (Kunstrådets Litteraturudvalg).

Enfin, nous remercions le professeur Lene Schøsler pour son soutien précieux et son optimisme incurable.

Qu'ils voient tous dans ce volume une manifestation explicite de cette reconnaissance.

Lise Toft
Lisbeth Verstraete-Hansen

Quel avenir pour le français au XXIe siècle ?[1]

par
Jean-Marie KLINKENBERG

Mon propos sera ici d'examiner la dynamique des langues en ce début de XXIe siècle, et la place que le français y prend, de déterminer ensuite quels services cette langue peut rendre aux hommes et aux femmes de ce siècle, et, troisièmement, de savoir à quelles conditions elle peut jouer les rôles que ces derniers pourront envisager de lui confier.

Le « Grand dérangement » des langues
Dans le passé, nous le savons, des langues sont mortes faute de s'être donné une écriture ; d'autres, ensuite, sont mortes parce qu'elles n'ont pas été imprimées ; et, comme l'a montré Claude Hagège dans un ouvrage récent, ce mouvement n'est pas près de s'arrêter. Car nous sommes arrivés à un tournant capital pour l'humanité, peut-être plus important que celui qu'ont constitué l'écriture ou l'imprimerie. De sorte que d'autres langues mourront demain parce qu'elles n'auront pas été informatisées, ou qu'elles ne seront pas engagées sérieusement dans une compétition des langues dont les règles ont été changées au cours du XXe siècle. Les causes de ce grand mouvement des langues sont nombreuses. Mais on peut en détacher deux.

Le premier facteur est la mondialisation de l'économie. Ce mot à la mode – avec son alter ego, globalisation – désigne le processus qui fait que dorénavant tous les producteurs et consommateurs de biens sont en contact direct les uns avec les autres, comme s'ils se trouvaient dans le même

---

[1] Le présent texte fait usage des rectifications orthographiques proposées par le Conseil supérieur de la langue française (1990) et approuvées par toutes les instances francophones compétentes, dont l'Académie française.

complexe commercial ou sur le même marché de la même grand-place. Cette situation stimule la concurrence, ce dogme planétaire jalousement veillé par des cohortes de grands prêtres dans des temples qui ont nom Union européenne, F.M.I., O.C.D.E., etc. Elle exacerbe aussi la concurrence linguistique, puisqu'en multipliant les contacts entre les agents économiques, on multiplie du même coup les contacts entre leurs langues. Et de même que dans l'histoire de l'humanité les échanges économiques n'ont jamais été aussi intenses – ce qui ne signifie pas qu'ils soient symétriques –, jamais la compétition entre langues n'a été si forte.

Cette mondialisation du marché linguistique a été stimulée par la mutation technologique qu'est la digitalisation de l'information. Par nature, les objets immatériels que sont les textes, images et sons, une fois qu'ils sont digitalisés, sont plus aisément transportables que d'autres ; ils peuvent donc être diffusés instantanément dans le monde. Elle a aussi été stimulée par la tertiarisation de la société : lors de la seconde moitié du XXe siècle, les emplois agricoles ont encore régressé, tandis que ceux du secteur industriel stagnaient, le monde des services connaissant par contre une véritable explosion. Et cette transformation affecte l'ensemble des classes sociales : les effectifs des cadres moyens et employés n'ont cessé de croitre, comme aussi ceux des professions libérales et des cadres supérieurs. Et la nature du travail lui-même s'est modifiée grâce à la digitalisation déjà évoquée.

Le second facteur est la nouvelle donne géopolitique. Dans la dernière décennie du XXe siècle, la poursuite de la construction européenne, comme aussi la construction de blocs économiques régionaux (de l'ALENA au Mercosul) ont laissé entrevoir un possible rééquilibrage entre les langues de grande diffusion à l'échelle planétaire. Mais, d'autres évènements sont survenus qui ont le même effet : l'effondrement et l'éclatement du bloc soviétique, la fin de l'apartheid en Afrique du Sud, la renaissance de la Chine, l'affirmation de l'Inde, la réunification de l'Allemagne.

Tous ces mouvements ont amené la formation d'un système linguistique mondial animé par une seule langue – l'anglais –, mais où un certain rôle est encore dévolu, au moins au niveau régional, à d'autres grandes langues fédératrices. La conjonction de la mobilité et de la tertiarisation garantit en effet l'hégémonie de la langue qui règne déjà sur les médias classiques, comme la presse et l'audiovisuel – les agences de presse les plus importantes sont aux États-Unis, pays où tend aussi à se concentrer toute l'industrie cinématographique – : avec les nouveaux médias, elle s'assure un règne sans partage (et souvent vu comme définitif) : c'est elle en effet qui produit la plus grosse part des biens informatisés que nous consommons.

Ce système mène-t-il inéluctablement à la mort des langues ? Non. C'est plutôt de diglossie, ou plutôt de dualisation qu'il faut parler. Au sein d'un monde linguistique à deux vitesses, des langues deviendront peu à peu minoritaires, exclues qu'elles seront de secteurs d'activités importants pour la vie des collectivités : le développement technologique, l'économie, la recherche. De telles langues finissent vite par ne plus servir à la communication publique, pour n'être plus pratiquées qu'au sein de la famille. Elles ne servent alors plus qu'à l'expression des sentiments intimes. Et au bout du compte, elles ne sont plus qu'un patrimoine, voire un élément de folklore.

C'est dans ce cadre qu'il faut apprécier le recul du français.

Car, comme d'autres langues, le français recule. Non pas en termes absolus mais en termes relatifs : on veut dire qu'il y a chaque année plus de personnes sur terre dont la langue maternelle ou seconde est le français (sur les 30 dernières années, ce nombre brut aurait cru de plus de 70 %), mais que le pourcentage d'êtres humains qui le pratiquent a diminué : dans le même laps de temps, ce pourcentage serait passé de 2,4 à 2,1.

Mais à quel rythme recule le français ? Il est difficile de le dire : le nombre de Francophones que recensent les statistiques varie de la manière la plus fantaisiste. Et pour cause : qu'est-ce qu'un Francophone ? quelqu'un dont le français est la langue maternelle ? quelqu'un qui a appris des rudiments de français à l'école ? Doit-on ainsi comptabiliser les « francophonisables » ? et ceux que Robert Chaudenson a appelé les « francophonoïdes » (personnes ayant une compétence réduite, leur permettant de faire face en français à un nombre limité de situations de communication), ou encore les « franco-aphones » (citoyens d'un État où le français est langue officielle mais n'ayant aucune compétence en français) ? Si l'on peut difficilement les compter, trois choses au moins sont sûres. La première : en nombre relatif de locuteurs, la régression du français est importante. La seconde : elle sera encore plus prononcée à l'avenir (en effet, les données dont on dispose montrent que les personnes ayant appris le français de par le monde, et qui en sont donc aujourd'hui le support, font partout partie des tranches d'âge les plus élevées ; la relève est absente : elle est au cours d'anglais). La troisième : la régression est plus frappante encore si l'on passe du terrain quantitatif au qualitatif. Car si l'on tient compte non plus seulement du nombre brut des usagers, mais de facteurs comme le produit intérieur des pays où la langue se pratique, ou leur taux d'alphabétisation, on obtient un autre indice, mesurant mieux l'importance d'une langue dans le monde (Graddol 1997). Or un tel indice montre que le français (indice 33) – partageant en cela son sort avec l'allemand, le japonais et l'espagnol (respectivement 42, 32, 31) – est désormais très loin derrière l'anglais (indice 100).

Cette situation a amené une certaine prise de conscience. Mais la pensée qui l'évalue balance entre deux extrêmes. D'une part, on va disant que chaque langue est un patrimoine de l'humanité, et qu'aucune parcelle de ce patrimoine ne peut être gaspillée. Chaque langue est donc un chef d'œuvre en péril qui doit être défendu et sauvé. D'où les efforts poignants auxquels on assiste parfois pour assurer un rôle public à des dialectes qui n'en ont jamais eu. De l'autre, on insiste sur la modernité de certaines langues et sur l'efficacité qu'elles assurent, en ne voyant pas bien que cette perspective peut mener à la monoglossie tant redoutée.

La question qui est posée est donc celle de la diversité culturelle et linguistique : quel rôle cette diversité a-t-elle à jouer dans le monde qui se prépare ?

La diversité culturelle : une tarte à la crème ?
Comme je l'ai constaté naguère (Klinkenberg 2003), il y a là une formule assurément généreuse. Mais elle est si générale et si consensuelle qu'elle en devient suspecte, comme d'ailleurs beaucoup d'autres formules se faisant entendre dans les enceintes francophones : partage, communauté, multiculturalisme, etc. En effet, la suspicion ne manque pas de naitre à l'endroit de ce genre de propos, quand on constate que le souci de diversité culturelle est partout proclamé, et toujours à coup de discours où l'on mobilise le thème de l'humanité-qui-tire-ses-richesses-de-sa-diversité ou celui du nécessaire-dialogue-des-cultures-dans-un-monde-globalisé, mais que ces discours sont tenus par des individus ou des organisations dont l'action ne va pas précisément dans ce sens. Oui, elles sont nombreuses, les organisations internationales qui s'assignent la mission de promouvoir la diversité culturelle. Cela va du traité de Maestricht, qui fixe pour objectif à l'Union européenne « l'épanouissement des cultures des États membres dans le respect de leur diversité » – mais on sait que l'Europe ne prend pas cette voie, et que la tentation d'y renforcer les tendances centripètes y est grande – au G-8, qui lui aussi prétend vouloir protéger la diversité culturelle et linguistique ; et on sait que les objectifs de cette assemblée des pays riches sont ailleurs.

Alors, réalité, ou rite convenu dans une grand-messe ? Programme, ou dogme ? Si c'est un dogme, il faut le pourfendre ; si c'est un programme, il faut réfléchir aux conditions de sa réalisation.

Prenons pour hypothèse que la défense de la variété culturelle pourrait être un programme pour la francophonie. Et même, osons affirmer qu'il s'agit là du seul programme qu'elle puisse s'assigner.

Qu'on me permette d'évoquer un souvenir, pour étayer cette affirmation. Un jour, le Recteur de mon Université – qui à sa descente de charge, devait assumer de hautes responsabilités dans le cadre de la francophonie internationale – me demandait « mais à quoi peut bien servir la francophonie » ? Plus précisément et pratiquement, la question pouvait être reformulée de la sorte : « nous, Francophones, que pouvons-nous faire ensemble que nous faisons mieux ensemble ? que pouvons-nous faire ensemble que nous ne pouvons pas faire seuls, ou avec d'autres que des

Francophones ? » Lors de notre entretien, nous fîmes le tour des réponses possibles. Du commerce ? S'il s'agit de cela, on peut parfaitement le faire en anglais (ou, comme le montre l'histoire, dans toute langue qui conviendra, du pidgin au portugais, en passant par le chinook). Promouvoir le développement et défendre la démocratie ? Outre que certains constats sont cruels – la francophonie officielle n'a jusqu'à présent été ni claire ni ferme avec les régimes bien peu démocratiques de certains des États qui la composent, et, en Europe, c'est dans deux pays francophones que l'on avoue le plus facilement des sentiments xénophobes (selon une étude réalisée pour l'Union européenne, la Belgique vient en tête, 22 % des enquêtés se disent « très racistes », et 33 % « assez racistes », suivie par la France, avec 16 et 32 %) –, on voit mal au nom de quelle prétention la langue française pourrait avoir le monopole de l'expression de ces vertus : en dépit du mythe cent fois rapetassé, le français ne véhicule pas nécessairement des valeurs universellement humanistes, simplement parce qu'il est le français (nous a-t-on assez rabâché que c'était la langue des principes de 1789 ?), et défendre la démocratie est une cause qui peut parfaitement se faire en anglais, en allemand, en arabe ou en serbo-croate.

Alors, si ce n'est ni commercer ni défendre des « valeurs », le noyau dur de choses que nous, Francophones, pouvons mieux faire ensemble, grâce au français, doit nécessairement se réduire à pas grand chose. À une seule chose, et définir cette chose était la seule réponse que j'aie en définitive pu fournir à mon Recteur. Une seule chose, mais immense : combattre l'uniformisation du monde. La tâche première de la francophonie serait donc là : contribuer à faire contrepoids à la massification mondiale, à l'hégémonie mortifère. Et le rôle de la langue qui la définit serait donc d'être une « langue de diversité ».

Mais pas parce qu'il serait dans l'essence du français d'être « *la* langue de *la* diversité » ! La seule langue à pouvoir jouer ce rôle, parce qu'elle serait naturellement « non alignée » ou « subversive » ! Je le répète : aucune langue, aucune collectivité n'est investie d'une mission messianique... Ce qui fait que le français peut être une des langues de la diversité (une des : pas « *la* langue de la diversité ») est sa position particulière.

Particulière, sa position l'est à trois titres.

Le premier est que dans le cadre de la compétition économique et politique mondiale, les États francophones septentrionaux développés ont intérêt à garder compétitive (n'ayons pas peur de le dire : rentable) la langue qui les définit. Car l'intérêt économique d'une langue peut aisément se mesurer. On sait par exemple qu'au Québec (qui revient de loin), à compétence professionnelle égale, un Francophone bilingue gagne 7 % de plus qu'un Francophone unilingue, mais qu'un Anglophone bilingue ne voit croître ses revenus que de 3 % par rapport à son collègue unilingue (on peut douter qu'aux États-Unis, le bilinguisme de l'Anglophone soit récompensé dans ces proportions...). Un premier objectif, pragmatique et « égoïste » donc.

Mais il se fait que ce premier objectif pragmatique peut être conjugué avec un second, pragmatique et idéaliste à la fois, qui est le développement du Sud.

Or la conjonction de ce premier et de ce second objectif en génère un troisième, plus résolument idéaliste : le maintien de la diversité culturelle. Mais cet objectif ne vient en quelque sorte qu'en conclusion et non en prémisse.

Si le français peut être une « langue de diversité », c'est donc simplement parce qu'il est dans une position conjoncturelle qui lui permet de l'être en ce début de millénaire. Il présente en effet ces deux caractéristiques importantes : d'une part il permet l'expression de la modernité, et d'autre part – assez fort pour être fédérateur et assez faible pour n'être pas (ou plus) universellement dominateur – il occupe une position tactique qui lui permet de mener le combat contre la massification et l'uniformisation du monde. Deux positions importantes, mais fragiles, et susceptibles de connaître une évolution.

Mais si le français peut aujourd'hui être un garant de la diversité dans un monde menacé de laminage culturel, il doit pour jouer pleinement ce rôle remplir plusieurs conditions. Autant de mutations qu'il doit s'imposer.

Ces conditions, liées entre elles, sont au nombre de cinq : être puissante, mais rompre avec sa tradition de centralisme, réétudier son image, se réorienter en direction des besoins de ses usagers et nouer un pacte avec les autres langues vivant dans les espaces où elle évolue. Ce sont elles que nous étudierons dans les pages qui suivent.

De la puissance en réserve

La première condition est de conserver une puissance suffisante pour jouer un rôle fédérateur. Or cette puissance, le français est-il assuré de la conserver ?

Il faut, pour répondre à cette question, tenir compte de facteurs démographiques, de facteurs économiques, et de facteurs qualitatifs.

Pour ce qui est du premier facteur, voici les projections qu'un démographe, Richard Marcoux (Marcoux 2008) peut faire pour 2050, à partir de deux hypothèses, l'une défavorable (stabilisation des taux de naissance et de scolarisation atteints dans la période 1997-2000), l'autre favorable (scolarisation poussée des pays du Sud).

Tableau 1
Projection démographique : hypothèse défavorable (d'après Marcoux 2008)

	2000	*2050*
Afrique	47,7 %	63,0 %
Amériques	7,9 %	6,5 %
Europe	41,9 %	27,7 %
Océanie, Asie	2,6 %	2,8 %
Population francophone	174 524 000	276 836 000
Population mondiale	6 000 000 000	9 000 000 000
Pourcentage francophone de la population mondiale	(2,9 %)	(3,1 %)

Tableau 2
Projection démographique : hypothèse favorable (d'après Marcoux 2008)

	2000	*2050*
Afrique	47,7 %	83,7 %
Amériques	7,9 %	3,9 %
Europe	41,9 %	11,2 %
Océanie, Asie	2,6 %	1,1 %
Population francophone	174 524 000	683 563 000
Population mondiale	6 000 000 000	9 000 000 000
Pourcentage francophone de la population mondiale	(2,9 %)	(7,6 %)

Mais le facteur démographique n'est pas grand chose sans le facteur économique. L'intérêt pour le chinois – démographiquement dominant – n'est devenu significatif que dans la mesure où la Chine est devenue un partenaire économique important. Et si des entreprises danoises se mettent aujourd'hui au français, c'est parce qu'elle sont en relations d'affaires avec l'Afrique du Nord.

Dans son célèbre *Discours sur l'universalité de la langue française*, toujours salué mais peu examiné, Antoine Rivarol répondait à la première question de l'Académie de Berlin qui demandait « Qu'est-ce qui a rendu la langue française universelle ? » par une réflexion matérialiste qui fait de lui un précurseur des sociolinguistes contemporains : il attribuait principalement l'universalité de sa langue à la modernité économique et à la suprématie technologique du Royaume de France (facteurs qui font le succès de l'anglais aujourd'hui) :

> Nos voisins recevant sans cesse des meubles, des étoffes et des modes qui se renouvelaient sans cesse manquèrent de termes pour les exprimer : ils furent comme accablés sous l'exubérance de l'industrie française ; si bien qu'il prit comme une impatience générale à l'Europe, et que pour n'être plus séparés de nous, on étudia notre langue de tous côtés. (Rivarol 1998 [1784], § LII)

Que pèse aujourd'hui le français, en termes économiques ? Selon François Grin et Michele Gazzola, de Université de Genève (Grin & Gazzola 2008), le revenu national brut total des 29 pays francophones, ajusté pour tenir compte du pourcentage de francophones dans ces 29 pays, s'élève à 1 740 milliards de dollars, ce qui, en parité des pouvoirs d'achat, représente 2 085 milliards de dollars. Ce revenu correspond donc à 94 % du RNB de l'Allemagne : les francophones africains y contribuent pour 1,4 %, les pays européens pour 85,8 % et les Canadiens (plus les Haïtiens) pour 12,8 %. Si l'on prend pour champ de mesure les Francophones des pays où le français n'est pas langue officielle, mais où il a conservé une présence importante dans la société ou dans l'enseignement, le RNB obtenu est légèrement plus élevé. Cette francophonie pèse environ 5 % de l'économie mondiale (alors que les francophones représentent entre 1,5 % et 2 % de la population du globe). On constate donc que le français joue encore un rôle économique non négligeable, et qu'il le jouera encore un certain temps. Mais on constate aussi de fortes disparités dans le monde francophone : celui-ci compte les pays les plus pauvres de la planète. L'avenir du français passe donc par le développement de ces pays, bien hypothétique.

Une chose est en tout cas claire : il faut que de l'économie se fasse en français, et cette responsabilité cesse d'être celle des pouvoirs publics pour devenir celle du secteur privé. Or les représentations en matière de langue ne vont pas dans ce sens : on sait que c'est la couche sociale qui dispose des moyens les plus riches pour élaborer une vision de la langue, et pour la faire partager, qui est la plus sceptique sur les capacités du français à exprimer la modernité (cf. Garsou 1991) : il semble qu'à leurs yeux elle soit surtout apte à dire la recette de la sauce béarnaise et à chanter la haute couture, mais peu à exprimer et rendre possible l'innovation.

Car, outre la puissance démographique et économique, un troisième facteur, qualitatif celui-là, doit intervenir : la modernité. Seule cette modernité sera de nature à garder au français son caractère attractif.

Un objectif capital des politiques linguistiques devra être de faire entrer le français dans cette modernité technique et culturelle et de permettre ainsi aux populations qui le parlent de vivre le siècle qui vient : car seules les communautés qui auront réussi à insérer leur langue dans le circuit de l'information, et l'auront de la sorte rendue plus productive, pourront entrer dans l'ère nouvelle.

Mais la force n'est pas tout. Une langue appelée à jouer un rôle dans le combat pour la diversité culturelle et contre la massification et l'uniformisation du monde doit conjoindre deux caractéristiques importantes : comme on l'a vu, assez forte pour être fédératrice, elle doit être assez faible pour ne pas être universellement dominatrice.

Ici encore, le rôle susceptible d'être joué par le français doit faire l'objet d'une évaluation nuancée. Car pour le jouer pleinement, il devra se garder de certaines de ses traditions, casser certaines des représentations qui lui sont associées, et résoudre certaines de ses contradictions.

Une centralité repensée
Le premier effort qu'il faudra ainsi consentir pour que le français soit une langue de diversité consiste à combattre sa tradition de centralisme. C'est la seconde condition pour qu'il puisse jouer le rôle qu'il se donne.

Car le français continue à offrir l'exemple sans doute le plus poussé qui soit de centralisation et d'institutionnalisation culturelle. Si les grands ensembles culturels sont généralement structurés autour d'un ou plusieurs centres où se concentrent les organes de la vie de la pensée, et à partir desquels la production s'organise, le summum de cette centralisation a sans nul doute été atteint en France. Cette situation a des origines historiques lointaines et complexes. Mais elle est aujourd'hui confirmée et consolidée par un facteur quantitatif bien simple : alors que dans les autres grands blocs d'États soudés par une langue européenne l'ancienne métropole est devenue très minoritaire – c'est le cas pour le bloc anglophone, pour l'hispanophone et plus encore pour le lusophone –, la France continue à peser d'un poids décisif dans une francophonie où seule une minorité d'usagers a le français comme langue maternelle. De sorte que s'il n'y a pas de sens à se demander où est le centre de la culture allemande, ou de la culture hispanique, quand il s'agit de culture française, la réponse à cette question jaillit avant même qu'elle n'ait été posée : il n'est bon bec que de Paris… Car il y a deux universalités du français. La première est celle qui lui est venue du rayonnement et de la puissance de la France. La seconde vient du fait que, de par le monde, il est devenu le bien propre de millions d'hommes et de femmes, qui l'ont reçu en partage, qui l'ont librement choisi ou à qui il s'est douloureusement imposé. Mais on ne voit pas toujours que cette révolution copernicienne a eu lieu, et je me prends à penser que certains ou certaines de ceux qui utilisent le mot de francophonie ne peuvent s'empêcher de viser la première universalité de la langue française, tout en chantant la seconde.

Ceci nous amène à un corollaire de cette seconde condition : il faut que le français combatte non seulement sa tradition de centralisme, mais aussi l'essentialisme qui permet trop souvent de penser ses spécificités.

J'appelle essentialisme la manœuvre idéologique de construction qui consiste à refouler la variation nécessaire de la langue. Elle se fonde sur un discours qui vise à rendre monolithique aux consciences ce qui n'est objectivement qu'un conglomérat de variétés linguistiques.

Il faut combattre cet essentialisme pour que les cultures dotent la langue qui les fonde d'une haute valeur émotionnelle, de sorte qu'elle puisse susciter des sentiments d'allégeance ou de fidélité comparables à ceux que peuvent susciter la foi religieuse, le lien familial ou l'engagement politique. Famille, société, religion : voilà ce qu'est souvent la langue. Ce n'est pas par hasard que, plus haut, je parlais de grand-messe. Il est dès lors compréhensible qu'elle déclenche les passions et les guerres. Ce primat de la langue dans la constitution du lien culturel n'est pas fatal. Il a une histoire, que l'on fait généralement remonter à Herder. Johann Gottfried Herder, précurseur du romantisme, a développé une conception de la « culture nationale » qui a exercé une influence durable sur le discours à propos des cultures. Cette théorie était destinée à combattre tant l'idéal classique que l'hégémonie de la culture française des Lumières et leur commune prétention à l'universalité (cf. Barnard 1965). Selon Herder, chaque culture nationale présente une spécificité qui la distingue des autres et, surtout, la rend incomparable avec ces autres. Il y aurait donc une « âme » ou un « génie » – un mot que nous allons retrouver –, génie national qui s'exprimerait dans chaque culture. Ce génie, on le trouve principalement dans les traditions et folklores populaires (le peuple représentant l'âme authentique de la nation), mais surtout dans la langue : le tournant pris par Herder consiste à donner à celle-ci le principal rôle de fondement de l'identité collective et à faire d'elle une synecdoque du peuple. L'influence de la pensée herdérienne se fait encore sentir de nos jours. On a le choix quand on veut en trouver des manifestations contemporaines, tant chez les représentants des cultures minoritaires que parmi ceux des grandes cultures. De François Fontan, fondateur du Parti nationaliste occitan, lequel énonce « l'ethnisme considère que partout où il y a une langue autochtone il y a un peuple et que ce peuple a le droit de diriger son propre destin culturel, politique et économique » (dans *La clef*, cité par la pamphlétaire Y. Bollmann 2001, p. 132) jusqu'à Jacques Attali qui dans *Le Monde* du 5 janvier 2004, affirme que « l'identité française, c'est la langue, bien plus que le territoire. La langue d'un peuple est la colonne vertébrale de son identité. »

Ceci vaut pour toutes les langues. Mais on trouve une vision particulièrement essentialiste dans tous les grands textes doctrinaux qui ont conceptualisé la langue française. Dans son *Discours*, on voit Rivarol abandonner sa vision objective lorsqu'il passe à la seconde question, ainsi posée : « Pourquoi mérite-t-elle [la langue française] cette prérogative ? ». Sa réponse réside dans le terme bien mystérieux de « Génie » :

> C'est de là que résulte cette admirable clarté, base éternelle de notre langue. *Ce qui n'est pas clair n'est pas français* […]. On dirait que c'est d'une géométrie tout élémentaire, de la simple ligne droite, que s'est formée la langue française, et que ce sont les courbes et leurs variétés infinies qui ont présidé aux langues grecque et latine. La nôtre règle et conduit la pensée ; celles-là se précipitent et s'égarent avec elle dans le labyrinthe des sensations. (Rivarol 1998 [1784], § LXVI)

L'évolution de cette conception fantasmatique attend son historien. Mais ce que verra cet historien, s'il se penche sur l'essentialisme français, c'est une remarquable continuité. La conception essentialiste peut tantôt être laïque – c'est le cas chez Rivarol – elle peut aussi connaître des avatars religieux, comme chez le Québécois Henri Bourassa qui, dans un discours intitulé « la langue gardienne de la foi » (1918), avance que

> […] faite pour l'homme qui pense, cette noble langue sait aussi exprimer les sentiments les plus généreux du cœur humain ; mais, pour donner toute sa valeur, elle doit assujettir, même dans l'expression, les élans de la passion au contrôle de la raison éclairée par la foi. Elle est devenue la seule langue vivante vraiment catholique, c'est-à-dire universelle, dans tous les sens du mot. (Bourassa 1918)

Une image nouvelle

La troisième condition est à chercher du côté des images et des représentations, sur lesquelles il faut travailler.

On l'a vu, certaines représentations que l'usager du français a de sa langue constituent des hypothèques plus que des atouts. Les sondages montrent que les Francophones sont unanimes à voir dans le français une langue harmonieuse et raffinée, mais résistante à l'évolution, difficile à apprendre et intraitable à l'égard de son utilisateur. Et, comme il arrive souvent, l'image construit la réalité : il est notoire que, dans tous les pays du monde non-francophones, le niveau d'exigence du cours de français est plus élevé que celui du cours d'allemand ou du cours d'espagnol, ce qui crée de nouvelles barrières pour lui. On observe aussi la persistance d'images où le français est principalement associé à des valeurs de type esthétique, voir éthique. Or de ces représentations à l'idée qu'il ne peut correctement remplir certaines fonctions, par exemple dans le monde des sciences et des techniques, il n'y a qu'un pas. Or c'est précisément chez les décideurs que cette conception pessimiste prévaut (plus on s'élève dans la hiérarchie des diplômes, et plus on voit la méfiance s'installer quant à l'adéquation du français aux techniques, et plus généralement au monde moderne).

On ne peut vendre le francophone comme on vend des savonnettes ou des voitures. Mais il reste vrai que le Francophone doit pouvoir se vendre, et que, sur ce marché, quelques hypothèques pèsent sur lui… Je prendrai un exemple dans mon pays, où le Conseil supérieur de la langue française, que je présidais à l'époque, a essayé d'étudier la politique linguistique des entreprises. (On peut facilement étudier la politique des États : les sociologues ont le droit de se pencher sur les budgets. Mais c'est une autre affaire avec la politique linguistique des entreprises, lorsqu'elles en ont une : il faut ruser pour entrer en contact avec le service du personnel et savoir exactement ce qui s'y passe…). Certains résultats étaient sans surprise (cf. Dardenne & Eraly 1995). Le premier fut que la condition minimale pour la promotion du cadre dans une grande entreprise belge était qu'il soit trilingue : anglais, français, néerlandais ; avec un plus s'il connait une quatrième langue. Mais il y avait aussi ce résultat, moins attendu : on s'est rendu compte que lorsqu'un choix s'imposait entre deux cadres et que leurs prestations linguistiques étaient d'égale qualité, on prenait de préférence le candidat flamand. Pourquoi ? Parce que le Flamand fait partie d'une collectivité qui, historiquement, a dû passer au français pour assurer sa promotion. En revanche le Francophone d'autrefois vivait dans ses superbes certitudes. Même si tout cela est du passé, une sorte de suspicion continue à peser sur les compétences linguistiques du francophone d'aujourd'hui.

En un mot, le francophone souffre d'un déficit d'image. Renverser la vapeur passe par l'inventivité, par une publicité agissant sur l'image du francophone. Et s'il y a des images qu'il faut casser à propos de l'usager, c'est aussi vrai avec la langue elle-même : il faut par exemple agir sur l'idée que le français est une langue de luxe. Or il y a des marchés nouveaux qui s'ouvrent, et qu'il faut savoir investir. C'est ce qui est en train de se passer par exemple en Corée ou au Japon : aujourd'hui les gens qui apprennent le français le font davantage pour faire des affaires que pour lire Montaigne. Évidemment, il faut être prudent, parce qu'en essayant de gagner un public, on peut en perdre un autre : précisément celui-là qui, fidèle, n'aime le français que parce qu'il est d'essence aristocratique. Dans de nombreuses universités d'Amérique latine ou d'Asie que j'ai visitées, je me suis avisé que tous ceux qui y apprenaient le français le faisaient en fonction de l'image du français comme langue de l'élégance.

Il faut donc réfléchir aux stratégies que l'on a mobilisées pour lancer le français sur le marché des langues, et qui l'ont jusqu'à présent été de manière anarchique : il s'agit de fonder cette stratégie en réseaux et d'en tirer des leçons sur les discours à produire.

Tel est donc un autre chantier à ouvrir : opérer sur les représentations du français pour casser son image de noblesse, qui le voue à la momification, tout en conservant ses acquis.

Une langue pour l'usager

Le quatrième effort à fournir est plus important encore : il s'agit d'inverser le rapport de sujétion entre la langue et le citoyen, en mettant celui-ci au premier plan. Ce qui peut se formuler ainsi : la langue est pour l'usager, et non l'usager pour la langue.

Cette relation est l'exacte inverse de celle qu'envisage le principe puriste, pour qui c'est la langue que nous devrions défendre. Certes, personne aujourd'hui ne se reconnaît comme puriste ; mais l'esprit de purisme a profondément modelé notre représentation du français. Car, pour beaucoup, défendre la langue, c'est la préserver de toute altération, altération dont se rendent responsables ceux qui la pratiquent. De même que certains bibliothécaires rêvent de bibliothèques sans lecteurs, plus faciles à gérer, et que certains maitres souhaitent un État sans citoyens, plus facile à gouverner, l'intellectuel pétri par cet esprit rêve à une langue préservée de la souillure de l'usage. Fréquemment d'ailleurs, son souhait est exaucé : les usagers la désertent, cette langue qui se fait trop désirer. Puisqu'on leur dit qu'elle n'est pas pour eux, ils lui préfèrent – et c'est surtout le cas des plus jeunes – d'autres modes d'expression, qui leur parlent de modernité mais aussi et surtout de liberté...

Cet aveuglement n'est pas sans conséquences sur notre conception de l'affrontement des langues. Ce ne sont pas les langues qui sont dominantes ou dominées, mais les groupes qui se définissent par elles. On rougit de devoir rappeler de telles évidences, mais la force du discours essentialiste est telle qu'elle masque celles-ci (cf. Klinkenberg 2001b).

Le pacte des langues

Il faut enfin – cinquième mutation – convenir d'un nouveau partenariat avec les autres langues.

Il s'agit de sortir de la contradiction dans laquelle s'enferme parfois le Francophone : réclamant pour lui l'exception culturelle, il se comporte avec d'autres comme l'impérialiste qu'il prétend combattre, convaincu qu'impérialiste, il ne saurait l'être, et que sa langue est pour toujours celle de la République des hommes. Mais ce qu'il exige, face à l'anglais, ne doit-il pas l'offrir aux autres, par exemple en aidant les langues africaines à dire la modernité ? Et par exemple en admettant que, dans les pays francophones, d'autres langues se parlent qui méritent aussi de vivre pour exprimer la vie ? Il y a quelque contradiction à refuser au corse ou à l'alsacien ce qu'on réclame pour soi.

Il y a surtout ceci : si l'on se place à un niveau global, la concurrence du français avec d'autres langues apparait comme circonstancielle, ou du moins très localisée. Car globalement, le français est avec toutes les autres langues du monde dans une relation de complémentarité : toutes sont dans la même situation que lui face à l'anglais. Toutes – qu'il s'agisse de l'espagnol, de l'allemand, de l'arabe, du chinois ou du japonais – sont confrontées au même défi : rester vivantes pour pouvoir dire le XXIe siècle. Or, sur un très grand nombre de dossiers, le français ne pourra être efficace en luttant seul. C'est le cas avec le génie linguistique, avec certains problèmes de normalisation, et même avec la production terminologique.

Dernier effort : pour atteindre une masse critique, le français doit apprendre à conclure des accords avec ses cousines, à travailler en synergie, se défendre en protégeant ses voisines...

Jean-Marie Klinkenberg
Université de Liège

Références

Barnard, Frédérick M. (1965) : *Herder's social and political thought*. Clarendon Press, Oxford.

Bollmann, Yvonne (2001) : *La Bataille des langues en Europe*. Bartillat, Paris.

Bourassa, Henri (1918) : *La langue, gardienne de la foi*. Bibliothèque de l'Action française, Montréal.

Chaudenson, Robert & L.-J. Calvet (2001) : *Les langues dans l'espace francophone. De la coexistence au partenariat*. L'Harmattan, Paris.

Chaudenson, Robert (2006) : *Vers une autre idée et pour une autre politique de la langue*. L'Harmattan, Paris.

Dardenne, Emmanuelle & A. Eraly (1995) : *L'usage du français dans les grandes entreprises. Une étude en Belgique francophone*. Service de la langue française, Bruxelles, coll. 'Français & Société'.

Garsou, Martine (1991) : *L'image de la langue française. Enquête auprès des Wallons et des Bruxellois*. Service de la langue française, Bruxelles, coll. 'Français & Société'.

Graddol, David (1997) : *The Future of English ? A Guide to Forecasting the Popularity of the English Language in the 21st Century*. The British Council, London, 2e éd., 2000.

Grin, François & M. Gazzola (2008) : L'importance économique de la francophonie, in : Maurais, Jacques *et al.* (éds) : *L'avenir du français*. Éditions des archives contemporaines, Paris, pp. 53-56.

Hagège, Claude (2000) : *Halte à la mort des langues*. Odile Jacob, Paris.

Klinkenberg, Jean-Marie (2001a) : *La langue et le citoyen. Pour une autre politique de la langue française*. Presses Universitaires de France, Paris, coll. 'La politique éclatée'.

Klinkenberg, Jean-Marie (2001b) : La conception essentialiste du français et ses conséquences. Réflexions polémiques. *Revue belge de philologie et d'Histoire*, t. LXXIX, n° 3, pp. 805-824.

Klinkenberg, Jean-Marie (2003) : Français, encore un effort pour être la langue de la diversité, in : *Le français, langue du monde*. L'Harmattan, Paris, Organisation Internationale de la Francophonie, pp. 161-166.

Marcoux, Richard (2008) : Le poids démographique des francophones : passé, présent et perspectives, in : Maurais, Jacques *et al.* (éds) : *L'avenir du français*. Éditions des archives contemporaines, Paris, pp. 151-58.

Maurais, Jacques *et al.* (éds) (2008) : *L'avenir du français*. Éditions des archives contemporaines, Paris.

Rivarol, Antoine de (1998 [1784]) : *L'Universalité de la lange française*. Arléa, Paris, coll. 'Retour aux grands textes'.

L'intégration des migrants dans la société française :
situation linguistique, territorialisation, minorisation ?

par
Marie-Madeleine Bertucci

La question de l'intégration des migrants dans la société française est à la fois délicate et ambivalente. Délicate car elle est chargée de connotations négatives alors qu'il existe des réussites spectaculaires, ambivalente parce qu'elle est placée à l'intersection des chemins et qu'elle suppose de croiser les analyses et de faire apparaître sous les phénomènes linguistiques des phénomènes sociaux.
   La maîtrise du français est une des clés de l'intégration. Les migrants sont souvent plurilingues et ils ont à gérer cette situation de plurilinguisme dans un contexte monolingue fort, où se déploient des représentations du français anciennes et bien ancrées, comme celles développées par Rivarol par exemple[1], (qui sont entre autres l'élégance, la rigueur, la précision, la clarté, la logique... supposées du français (Lodge 2006, pp. 244-247))[2]. Le plurilinguisme, dans ces conditions, peut apparaître comme une menace pour tous ceux qui aspirent à une conception de l'État-nation, fondé sur le couple *un pays/une langue* (Gadet & Varro 2006, p. 19). Ce contexte peut rendre difficile l'intégration des migrants.

---

[1] Dans une Europe savante orpheline du latin des clercs (Baggioni 1997), le français apparaît comme une langue prestigieuse apte à prendre la place laissée vide par le latin et venant combler le besoin d'une langue universelle.

[2] Cette conception encore présente dans certains développements sur la langue, va être amplifiée pendant la Révolution. Ainsi Condorcet travaillait à l'invention d'une langue universelle, pendant ses derniers jours, pour voir se réaliser le désir d'un idéal où les hommes pourraient « ne former qu'un seul tout et tendre à un but unique » (cité par Todorov 1989, p. 43).

En outre, des traits linguistiques spécifiques leur sont associés, le plurilinguisme, on vient de le voir, et une pratique du français dont la désignation est flottante, connue sous des appellations « parlers jeunes, parlers des cités, parlers des banlieues ou encore langue des jeunes » qui mêlent des critères à la fois générationnels et sociologiques, liés à la place des locuteurs dans l'échelle sociale et à leurs lieux de résidence. C'est ce qu'on va aborder maintenant.

La perception ordinaire concernant les parlers jeunes/parlers des banlieues est qu'ils sont largement répandus et qu'ils se distinguent nettement du français de référence ou plus simplement d'une forme standard du français. D'une manière générale, l'usage de ces parlers coïncide avec le sentiment d'une montée de l'incivilité linguistique, du fait du caractère outrancier de ces pratiques (langage à connotation sexuelle ou scatologique, insultes) renforcé par des comportements et des modes de communication inadaptés à la civilité ordinairement admise. Le caractère voyant et bruyant de ces pratiques langagières et des manières d'être qui les accompagnent, suscitent chez les adultes un sentiment de fracture et d'incompréhension, voire d'agression.

Qu'en est-il exactement, si on tente de dépasser le cap des généralités ? Sont-elles aussi massives qu'on le croit et correspondent-elles à l'image médiatique donnée par le cinéma[3] ou la chanson ou, fait moins connu, à l'image dictionnairique offerte par la floraison de dictionnaires et d'ouvrages[4] qui recensent le lexique des parlers jeunes et du français des banlieues[5] ?

C'est ce qu'on va tenter de préciser à travers une présentation rapide.

Les parlers jeunes/parlers des banlieues : présentation
On y observe des constantes thématiques, autour de l'argent, des trafics variés, de la drogue, de la sexualité, du groupe de pairs, des femmes, de l'alcool, des communautés ethniques, du travail, de la famille, de la vie dans les cités, et de la police (Goudaillier 2001, pp. 16-17).

Au plan linguistique[6], on relève des procédés sémantiques et formels de création lexicale.

---

[3] Voir *L'esquive* d'A. Kechiche (Rezo films, 2002, 1h 57 mn), notamment.

[4] On en trouvera une liste en bibliographie.

[5] Certains se réclament et de la jeunesse et des banlieues, *Panique ta langue* (Hernandez 1996).

[6] On emprunte le corpus et son mode de classement à J.-P. Goudaillier, *Comment tu tchatches ! Dictionnaire du français contemporain des cités* (2001).

Procédés sémantiques :
- *Emprunts à diverses langues ou parlers, arabe* : ahchouma (honte), mesquin pour pauvre type (arabe : pauvre) ; *tzigane* : bedo (joint, cigarette de haschisch), chourav (dérober), craillav (manger), gadjo (gars, homme) ; *langues africaines* : go (fille) ; *argot anglo-américain* : destroy (détruire), flipper (avoir peur), looker (regarder), shit (haschisch), sniffer (inhaler une drogue)
- *à des argots régionaux* : panouille (abruti), raymond (contrôleur des transports en commun)
- *à l'argot français traditionnel* : artiche (argent), baver (médire), condé (policier), daron (père), taf (travail), taule (maison)
- *Métaphores* : airbags (seins), bombe (fille très belle), bounty (Noir voulant ressembler à tout prix à un Blanc), findus (fille sans poitrine), fromage blanc (français de souche), galère (situation matérielle difficile), Mururoa (fille très belle)
- *Métonymie* : bleu (policier), casquette (contrôleur)

Procédés formels :
- Verlan : ainf (faim), ap (pas), noiche (chinois), keuf (flic), meuf (femme), oinj (joint), ouf (fou), reup (père)
- Reverlanisation : femme > meuf (verlan 1) > feumeu (verlan 2), mère > reum (verlan 1) > meureu (verlan 2)

Troncations :
- *Apocope* : biz (< bisness, anglais, business), dèk (< dékis, verlan de kisdé, policier), teup (< teupu, verlan de pute, prostituée)
- *Aphérèse* : blème (< problème), caille (< racaille), dic (< indicateur de police), zic (< musique), zon (< prison)
- *Resuffixation après troncation* : bombax (Resuffixation en -ax de bombe), chichon (Resuffixation en –on de chicha, verlan d'haschisch), pourav (Resuffixation en –av de pourri)

En discours, ce lexique est associé à des pratiques ludiques et aux échanges de vannes (joutes verbales rituelles entre pairs) humoristiques comme le montrent les extraits des dictionnaires des parlers jeunes qui vont suivre. On citera des extraits de textes et des définitions.

Le Verlan. Petit dictionnaire illustré (Andreini 1985) :

Avant-Propos : L'histoire ki va suivre se passe dans un monde où même le rationnel finit toujours par vous retomber sur le coin d'la …Faites gaffe à la marche car vous entrez dans la quatrième dérision. (p. 9)

Balaise : verlan *l'aiseba* : n.m. *Définit tout individu qui par sa corpulence physique et son assurance morale, semble ne jamais pouvoir être pris en défaut.* « Oah ! Laiseba le keum ! » (p. 10)

Insiders' French : Beyond the Dictionnary (Levieux et Levieux 1999) :
Verlan : a type of slang developped chiefly in les banlieues, in which syllables are reversed. For instance, l'envers = verlan, zarbi = bizarre... (p. 235)

La Téci à Panam, parler le langage des banlieues (Aguillou & Saïki 1996) :
De dealer de came jusqu'à receleur
Oui, cette vie de cité on la connaît par cœur
Attendu si longtemps pour te l'exprimer !
J'ai trouvé ce livre enfin pour te l'expliquer. (Quatrième de couverture)

C'est le langage qui sévit à Paris hors les murs, Traduction à l'appui, apprenons à entendre la banlieue. (Préface p. 9, H. Maure)

Le Manuel Ado-Parents – Guide De Conversation (Girard & Kernel 1994) :
Baffer : 1. Bête, nul, (en parlant de quelqu'un), ce keum est à baffer ; version 1970 : ce mec est naze, version 1950, ce mec est un nave. 2. Mauvais, nul (en parlant de quelque chose). (p. 12)

Si vous voulez aller plus loin.

Comment être tip-top, giga, mortel et style où l'on découvre le vocabulaire spécifique de la mort, du sport, de la musique, du sexe, de la drogue et de toutes ces sortes de choses. (p. 59)

Barber : voler, synonyme de berber. Ex : Barber le collier d'une iev, c'est plus normal que barber le collier d'un clebs (trad. : voler le collier d'une vieille, c'est plus normal que voler le collier d'un chien). (p. 62)

J'ai encanaillé une beubon, j'te dis pas les obus, demain je la choppe et on charpente. Mais t'inquiète, j'ai pensé cagoule, no problem. (Quatrième de couverture)

Panique ta langue (Hernandez 1996) :
Aller quelque part : mover
Aller en prison : alcatraser, monter au Brésil
Attendre le passage du joint : se balancer sur la corde à linge
Avoir peur : trouiller, avoir reup. (p. 175)

Passée maître dans l'art de la récup., la région parisienne amphigourise – verlan, verlan du verlan, verlan de l'arabe, du gitan, de l'argot, des pubs et des séries télévisées sont contracturées, tourne-bougnoulées, transformatisées, ludiquitisées, bref quand on speeche à Ripa, c'est le delbor... (p. 10)

Dictionnaire du français argotique, populaire et familier (Dontchev 2000) :
Blédine : n. f. blédine audiovisuelle : émission de télévision insipide
Bledman/blédos : n. m. 1. Celui qui arrive de son bled 2. Rustre
Blonblon/blondin : n. m. Français de souche. (pp. 44-45)

Dictionnaire bilingue de l'argot d'aujourd'hui Anglais-français, Français-anglais (Brunet & Mc Cavana 1998) :

> *Démonté* adj. : temporarily without one's car, confined to foot, motorless
> *Dépouille* n.f. : stealing, mugging, ripping off, appropriation ; il vit de la dépouille, he lives by burning others. (p. 449)

Les mouvements de mode expliqués aux parents (Obalk *et al.* 1984, pp. 386-387) :

> Pour caractériser un faux dur, on peut employer les expressions suivantes :
> *Un bidon*
> *Un bouffon* (employé surtout par les Rockers pour qualifier tous ceux qui ne sont pas de leur monde)
> *Un charlot*
> *Un guignol*
> *Un mickey*
>
> Quelques adjectifs qualifiant l'état mental :
> *Allumé, louf* : un peu fou, dans un sens favorable
> *Atteint, débile, taré* : idiot
> *Naze, déchiqueté, épavé* : amoindri sur le plan physique et mental

Tchatche de banlieue [nouvelle édition du *Dico de la banlieue*] (Philippe *et al.* 1998) :

> *Kif*, issu peut-être du turc plaisir, devient kiffer en français signifiant aimer par ajout du suffixe de verbe -er, néologisme susceptible de se conjuguer, qui s'est imposé dans l'usage aujourd'hui. (p. 123)

« Conclusion » (*Panique ta langue, op.cit.*) :

> Les NAP (Neuilly – Auteuil – Passy) parlent français dans le texte tandis que les CAS (Châtillon – Aubervilliers – Stains) lepar cefran (parlent français) dans leur contexte. {…} Hé toi, dis-moi quelle langue tu causes, je te dirai de quelle France tu es. (p. 10)

Ces parlers sont très visibles, objet de nombreux articles[7], sans que l'objet social qu'ils constituent en acquière forcément plus de clarté théorique. Ils n'échappent pas de ce fait au stéréotype, à l'instauration d'un problème social spécifique des jeunes dans un mouvement de sémiotisation du social. Cet affichage de ce qui au départ se présente comme une contre-

---

[7] Je renvoie ici aux articles de Didier Tejedor de Felipe : « A propos de la 'folklorisation' de l'argot des jeunes » et de Daniel Delas : « Jalons pour une histoire du français populaire par la littérature » in : Bertucci, Marie-Madeleine & Daniel Delas (éds) (2004) : *Français des banlieues, français populaire* (cf. Bibliographie).

légitimité[8], contribue en fait à son intégration et à sa récupération, du fait de sa codification par des marqueurs lexicaux notamment. Ils font aussi l'objet d'un processus de régulation sociolinguistique, qui les transforme en une « déviance récupérable » (Boyer & Prieur 1996, p. 76).

La récupération et la spectacularisation sont incontestables mais on peut toutefois se demander si les jeunes évoqués constituent un groupe homogène. S'agit-il des victimes de la fracture linguistique et sociale (Goudaillier, op.cit, p. 8), autrement dit des jeunes des banlieues ? Ou faut-il y voir un groupe plus large débordant la banlieue, voire un groupe comprenant des locuteurs ayant dépassé la trentaine[9], du fait de la persistance de certains traits du sociolecte (Trimaille & Billiez 2000, p. 224) ?

Sans trancher, on postulera que la catégorie « jeunes » est opératoire dans la société contemporaine car la jeunesse y constitue « une expérience de masse », qui déborde les effectifs limités des lycéens et des étudiants (Dubet & Lapeyronie 1992, p. 60) et qui n'est pas enfermée dans une définition strictement générationnelle. On peut s'interroger en revanche sur l'identité en jeu et y voir une forme « d'illusion d'une identité sociale », un « imaginaire social et culturel partagé fondé sur des références communes et sur des usages symboliques communs » (Lamizet 2005, p. 83). Dans tous les cas, on notera la difficulté qu'il y a à définir et à identifier la catégorie « jeunes » *relative* et *incertaine* (Trimaille 2005, p. 105), construction à priori d'une catégorie (Bulot 2005, pp. 134-135). Le propos serait donc de repérer à travers ces pratiques les modifications sociales en cours et d'interroger la catégorie populaire et les notions qui y sont associées d'un point de vue économique et social, c'est-à-dire la pauvreté et la précarité.

Le jeune de banlieue, une désignation stigmatisante

Le postulat de départ est que la banlieue constitue la forme contemporaine de la périphérie urbaine populaire (Bertucci & Delas 2004, p. 8), dans laquelle se retrouvent de nombreux migrants sans héritage ouvrier (Bertucci & Houdart-Merot 2006), ce qui contribue à modifier le paysage social français et notamment le visage des milieux populaires par l'arrivée de désignations ethniques et l'asssociation de la banlieue à l'immigration (Rinaudo 1999). Au plan linguistique, on voit apparaître dans les parlers

---

[8] On peut s'interroger également sur la question de savoir s'il s'agit d'une véritable contre-légitimité, installée dans une rupture permanente avec le français normé ou bien d'un parler transitionnel, si l'on peut dire, en attendant une intégration.

[9] Voire largement au-delà, ce qui invite à interroger la mise en relation du sociolecte et de la catégorie de la jeunesse et les enjeux identitaires et symboliques de la persistance de ces pratiques langagières, dans leur fonction de contestation sociale notamment.

urbains, des mots empruntés aux langues d'origine des migrants, ce qui déplace la question, des parlers jeunes à celle de « parler véhiculaire interethnique » (Billiez 1993, p. 117) et lui confère un enjeu social différent. Les pratiques des locuteurs s'organisent selon un double mouvement d'union et d'opposition avec le milieu environnant. Le recours à un français émaillé d'argot et des apports des langues d'origine exprime l'*adhésion communautaire* et l'*identification au groupe de pairs*, mais il est également un instrument de provocation et de mise à distance des éléments extérieurs au groupe de pairs (Billiez, *ibid.*, p. 117). En outre, des travaux ont montré que l'item « banlieue » est fréquemment associé à *langage* ou à *jeune* dans des verbalisations du type *langage de jeunes de banlieue* (Trimaille & Billiez 2000, p. 219), récurrentes dans le corpus construit, qui ferait de ce parler un sociolecte générationnel (Boyer 1997) indépendant de son ancrage dans un espace.

Enfin et peut-être est-ce un trait essentiel, l'identification à un territoire est un trait pertinent (Bertucci 2006). Les jeunes sont d'abord d'un quartier, d'un espace, d'un territoire qu'ils s'approprient et qui constitue une expérience identitaire élémentaire (Dubet & Lapeyronnie 1992, p. 185). Le territoire se présente comme une des formes de l'identité et comme le lieu d'une communauté d'expérience, d'une *appartenance forcée*, stigmatisante, mais qui fait l'objet d'une appropriation par les jeunes, car elle est parfois le seul type d'identification qu'ils ont à leur disposition (*ibid.*). On retrouve ici le processus de retournement du stigmate de Goffman (1975). C'est aussi une façon de conjurer l'altérité en instaurant des liens égalitaires (Billiez 1993, p. 117). La notion de banlieue est pertinente ici dans la perspective de la territorialisation de l'identité dans un mouvement de minorisation – stigmatisation (Bertucci & Houdart-Merot 2006 ; Bertucci 2006). La référence à la banlieue est cependant critiquée. Pour J. Billiez et C. Trimaille, le terme occulte le fait que les parlers des jeunes des quartiers périphériques sont présents aussi en centre ville comme à Grenoble ou à Marseille (*op.cit.*, p. 224). La question reste ouverte, les événements de 2005 ont fait émerger la notion de la territorialisation, de manière très forte et la densité et l'étendue de la banlieue est peut-être plus forte en Île-de-France, où ont eu lieu ces émeutes que sur le reste du territoire[10]. La question posée est donc au-delà d'une réflexion sur les parlers des jeunes le fait de savoir si ce qu'on appelle le français des banlieues constitue une version contemporaine du français populaire traditionnel, représentatif des transformations sociales (Bertucci & Delas 2004).

---

[10] Peut-être d'ailleurs faut-il postuler une spécificité de l'Île-de-France.

Français populaire/français des banlieues

D'un point de vue normatif, le français populaire constitue « un classificateur déclassant » (Gadet 2003a), comme tel il s'inscrit dans le contexte de minorisation – stigmatisation traité ici. Il désigne « un ensemble de formes non standard » et correspond à « un construit social hétéroclite » porteur d'une « fonction déclassante implicite » (*ibid.*, p. 103). La notion d'hétérogénéité sociale est importante et elle correspond sur le plan linguistique à des pratiques langagières marquées par la variabilité et l'instabilité[11]. De ce point de vue, la notion de français populaire est plus englobante que celle de parler des jeunes.

La question de savoir si le parler des jeunes constitue « une variété indépendante de la description traditionnelle des traits populaires » (*ibid.*) repose sur l'existence potentielle de traits distincts. La langue des jeunes se caractérise par la courbe intonative et l'accentuation (Gadet 2003a, pp. 103-104 ; Gadet 2003b, p. 86 ; Fagyal 2003) et par le lexique. En revanche, au plan grammatical, elle ne se distingue guère du français populaire, manifestant des traits caractéristiques des variétés orales (Gadet 2003a). Sans pouvoir observer de bouleversements majeurs, force est de constater que l'innovation cependant est présente dans ces parlers à travers deux traits qui se démarquent des éléments héréditaires : le verlan et l'hybridation (*ibid.*, p. 112), qui renvoient à la dimension pluriethnique du groupe de pairs, et à l'hétérogénéité de ce parler. J. Billiez donne l'exemple de l'articulation constrictive sourde et forte du [R], destinée à produire une *coloration arabe* (*op.cit.*, p. 120).

Il n'en demeure pas moins que ce français des banlieues interroge et remet en cause la notion de français populaire pour plusieurs raisons.

La première tient au-delà des éléments formels aux pratiques langagières, c'est-à-dire à l'étude de la parole en tant que phénomène culturel, le principe étant que l'usage de la langue est au moins aussi important que sa structure[12]. Au centre de l'analyse, on trouve la communauté linguistique, ses ressources verbales et ses règles de communication, normes sous-tendant le fonctionnement des interactions dans un groupe donné. L'étude ethnographique de la langue vise à décrire le savoir dont ont besoin les participants à une interaction verbale et qu'ils utilisent pour communiquer l'un avec l'autre, leur compétence de communication.

La deuxième est que la notion de français populaire n'est pas claire, dans son opposition avec le français familier : « usage de toutes les classes dans des contextes peu surveillés » (Gadet 1992, p. 122). Elle est plus interpréta-

---

[11] On notera que c'est le fait de toutes les « variétés » avant que la cohérence n'en soit montrée par les linguistes (Auroux 1994).

[12] Cela est vrai également du standard scolaire.

tive que descriptive (*ibid.*) et relève du stéréotype social. Le terme ne peut se débarrasser de sa fonction déclassante et l'objet qu'il désigne est mal identifié. Cependant la notion résiste, ce qui signale son caractère problématique (Gadet 2003a, p. 113).

Une culture interstitielle

Les pratiques langagières des banlieues ont été vues dans le cadre plus général d'une culture interstitielle (Calvet 1994 ; Lepoutre 1997) développée dans quatre directions à partir des années quatre-vingt-dix : musicale : le rap, graphique : les tags[13], vestimentaire : l'ostentation de la tenue et linguistique : le verlan notamment. Le verlan ne se limite pas à un simple procédé de codage formel qui inverserait la norme sociale dominante. Il se distingue nettement des argots à clés ou argots d'école par son lexique et ses fonctions. Si les adolescents qui parlent le mieux verlan sont peut-être les plus déviants par rapport aux normes sociales et en particulier scolaires, ils sont aussi les mieux intégrés au groupe des pairs et à sa culture. L'importance du groupe des pairs dans la socialisation des jeunes a été soulignée (Billiez 1993, *op.cit.*). Ces pratiques langagières, et notamment le verlan, sont aptes à exprimer le vécu et l'expérience de la rue : les différentes activités délinquantes ou non, la toxicomanie, la sexualité, les relations interethniques, l'argent, la duplicité et la tromperie, la bagarre... Nourries d'emprunts, elles reflètent les communautés pluriethniques des banlieues. La culture des rues, son code de conduite s'apprennent en partie à travers les catégories du verlan. Ludique, initiatique, cryptique, le verlan a une fonction identitaire qui a été largement signalée et ce dès le début des années quatre-vingt (Bachmann & Basier 1984 ; Billiez 1993 ; Lepoutre 1997).[14] La grossièreté et l'obscénité sont aussi caractéristiques et très présentes dans les échanges comme souvent dans les parlers adolescents. Cette rhétorique de l'obscène s'explique par son rapport d'opposition explicite à la norme dominante, les mots grossiers ou obscènes sont légitimés parce qu'ils sont proscrits. Ils sont « virilisants » pour les garçons et « potentialisants » (donnant l'apparence de la force) pour les filles qui les utilisent, pour lesquelles on peut se demander quel type de rupture avec leur identité de fille elles souhaitent instaurer. On y retrouve aussi une forme de provocation générationnelle, contrastant avec le style des adultes, tant par le registre que par l'exubérance et la volubilité dans le volume sonore ou le débit qui relève d'une culture de l'éloquence venant de traditions populaires maghrébines et africaines (Lepoutre *op.cit.*, p. 176). La parole est souvent théâtralisée, mise en scène et exposée au

---

[13] On peut se demander si l'affichage de l'inintelligible n'est pas le dénominateur commun.

[14] Ce qui ne signifie pas que ces jeunes n'ont qu'une identité.

jugement des pairs. C'est dans ce contexte que prennent place les insultes rituelles ou vannes, actes de parole qui appartiennent à la culture des rues (Labov 1993).

Tout ceci conduit à souligner que ces pratiques langagières, loin d'être homogènes, relèvent de styles différents correspondant à des objectifs communicatifs particuliers (Kerbrat-Orecchioni 1990, p. 60).

Banlieue : parler véhiculaire interethnique et déprolétarisation

La notion de *parler véhiculaire interethnique* s'avère particulièrement opératoire ici pour caractériser le parler des jeunes de banlieues. Il est un *we code* (Gumperz 1989), c'est la langue des Céfrans[15] (Seguin & Teillard 1996). C'est un véhiculaire, marqué par l'alternance des langues qui s'oppose à la fois à la langue de l'école et à celle de la famille où les langues d'origine sont plus présentes (Billiez 1993, p. 117).

Mais c'est dans les recompositions sociales de la fin du XXe siècle (Bertucci & Delas 2004, p. 8) et la restructuration des milieux populaires, du fait des migrations, que se trouve éventuellement une des explications et notamment dans la déprolétarisation[16] (Bertucci 2006).

Il s'agit d'un phénomène apparu dans les années 1970 qui s'est traduit par la dilution de la classe ouvrière. Ce phénomène a conduit à une forme de perte des liens sociaux fondés sur l'identification à une communauté de destins, laquelle caractérisait les faubourgs ouvriers (Wacquant *op.cit.*, p. 279). La déstabilisation de la classe ouvrière, du fait des transformations du travail, du poids du chômage, et de l'apparition d'une forte proportion de travailleurs pauvres a désorganisé son mode de reproduction et a contribué à l'augmentation de la fragmentation sociale et de la précarité. Loïc Wacquant parle même de *salariat désocialisé*, notamment en raison de l'affaiblissement des mécanismes de protection sociale et de la désorganisation de ce nouveau salariat, liée à la disparition du cadre social et temporel commun fourni par l'emploi (*ibid.*, pp. 274-275). On ne peut donc plus parler dans ce contexte d'homogénéité sociale, sinon de manière faible, par un trait négatif : la marginalité[17]. C'est la raison pour laquelle, définir l'espace de la banlieue comme la *concentration territoriale des per-*

---

[15] Verlan de français.

[16] Définie comme la sortie durable du marché du travail salarié d'une fraction importante de la classe ouvrière, qui a de fortes difficultés à retrouver un emploi stable (Rifkin 1995 ; Wacquant 2006, p. 274).

[17] Celle-ci ne permet pas une organisation et des actions communes, du fait de la divergence des intérêts mais permet néanmoins le partage d'une position commune face aux « autres ».

sonnes les plus pauvres (Maurin 2004, p. 15) semble significatif[18]. De même, la notion de français des banlieues, dans la mesure où elle recouvre les mécanismes de minorisation – stigmatisation et la ségrégation spatiale, semble pertinente et plus adaptée à l'objet visé que celle de langue des jeunes, même s'il y a une porosité dans le lexique en particulier. On peut penser que le caractère spécifique des pratiques langagières de ces jeunes et leur identification au quartier[19] reflètent un repli sur le groupe et une forte contestation des institutions d'une part et de la langue légitime d'autre part. La fonction cryptique de ce parler vise à souder la communauté, à affirmer le « we code »[20] et à exclure ceux qui ne peuvent s'intégrer au groupe, adultes et autres jeunes[21]. On peut y voir le signe que l'identité *jeune* et *anti-adulte* prime sur le lien à une communauté (Gadet 2003a, p. 112)

Pour conclure, on insistera donc sur l'intrication des faits sociaux et des faits linguistiques et sur les processus de discrimination et de ségrégation en milieu urbain. Cet ensemble de faits pose la question de l'ouverture à l'altérité de la société française.

La situation de minorité au plan linguistique comme au plan social a pour conséquence de placer dans une altérité radicale les acteurs de la banlieue, de les surstigmatiser et surtout d'homogénéiser par la mise en œuvre d'amalgames, des situations qui sont instables et hétérogènes. Les processus de ségrégation et de discrimination sont actifs et contribuent à disqualifier certains quartiers, les habitants de ces quartiers et les institutions qui s'y trouvent. D'une manière plus générale, c'est la question de la reconfiguration des milieux populaires du fait des phénomènes migratoires qui se trouve posée et qui émerge à travers la notion de banlieue, avec notamment le problème de la déprolétarisation et l'émergence de nouveaux types de liens sociaux. La variation sociale constitue une entrée pertinente pour aborder cette question. Elle est centrale car elle permet d'aborder les problèmes du français et les politiques linguistiques-éduca-

---

[18] Il existe d'autres analyses possibles en termes d'urbanisme par exemple ou de politique de la ville, mais elles ne présentent pas toutes le même intérêt pour la perspective retenue ici.

[19] Cette identification se caractérise par des variations notées par les adolescents d'un quartier à l'autre. J. Billiez a noté les « variations inter villes, inter quartiers » (1993, p. 122).

[20] Qu'on peut interpréter aussi comme un « not they code ».

[21] Il a été montré cependant que des mots du lexique arabe pouvaient être utilisés, voire pastichés par des jeunes de toute origine ethnique (Dabène & Billiez 1989 ; Billiez 1993, p. 120) et les textes de certains groupes de rap pratiquent de manière systématique l'alternance des langues et la poétisent (Billiez 1998).

tives, qui en dépendent dans une perspective sociolinguistique en faisant de la langue une question sociale.

Marie-Madeleine Bertucci
IUFM. Université de Cergy-Pontoise

Références

Auroux, Sylvain (1994) : *La révolution technologique de la grammatisation*. Mardaga, Liège.

Bachmann, Christian & Luc Basier (1984) : Le verlan, argot d'école ou langue des keums. *Mots* 8. Presses de la fondation nationale des sciences politiques, Paris, pp. 169-187.

Baggioni, Daniel (1997) : *Langues et nations en Europe*. Payot, Paris.

Bertucci, Marie-Madeleine & Daniel Delas (éds) (2004) : *Français des banlieues, Français populaire ?* UCP/CRTF, Encrage Édition, Amiens.

Bertucci, Marie-Madeleine & Violaine Houdart-Merot (2006) : *Situations de banlieues. Enseignement, langues, cultures*. INRP, Lyon.

Bertucci, Marie-Madeleine (2006) : *Plurilinguisme et altérité. Français. École. Politiques linguistiques-éducatives*. Habilitation à diriger des recherches, document de synthèse.

Billiez, Jacqueline (1993) : Le « parler véhiculaire interethnique » de groupes d'adolescents en milieu urbain, in : *Des langues et des villes. Actes du colloque international*. Didier érudition, Paris/Agence de coopération culturelle et technique, Niamey, pp. 117-126.

Billiez, Jacqueline (1997) : *Bilinguisme, variation, immigrations ; regards sociolinguistiques*. 2 vols. Habilitation à diriger des recherches, document de synthèse, Université Stendhal-Grenoble-III, Grenoble – non publié.

Billiez, Jacqueline (1998) : L'alternance des langues en chantant, in : Billiez, Jacqueline et Diana-Lee Simon (éds) : *Alternance des langues : enjeux socioculturels et identitaires*. LIDIL 18, Presses Universitaires de Grenoble, Grenoble, pp. 125-140.

Boyer, Henri & Jean-Marie Prieur (1996) : La variation sociolinguistique, in : Boyer, Henri (dir.) : *Sociolinguistique. Territoires et objets*. Delachaux et Niestlé, Lausanne, pp. 35-77.

Boyer, Henri (dir.) (1997) : Les mots des jeunes : observation et hypothèses. *Langue Française* n° 114, Larousse, Paris, pp. 1-125.

Bulot, Thierry (2005) : Les parlers jeunes et la mémoire sociolinguistique. Questionnements sur l'urbanité langagière, in : Bulot, Thierry (dir.) : *Les parlers jeunes : pratiques urbaines et sociales. Cahiers de sociolinguistique*, 9. Presses universitaires de Rennes, Rennes, pp. 133-147.

Calvet, Louis-Jean (1994) : *Les voix de la ville. Introduction à la sociolinguistique urbaine*. Payot, Paris.

Dabène, Louise & Jacqueline Billiez (1989) : Problèmes posés par l'analyse de corpus bilingues, in : *Rencontres régionales. Actes du Troisième Colloque Régional de Linguistique*. Université des Sciences Humaines de Strasbourg, Les presses universitaires de Strasbourg, Strasbourg, pp. 69-78.

Dubet, François & Didier Lapeyronie (1992) : *Les quartiers d'exil*. Fayard, Paris.

Fagyal, Zsuzsanna (2003) : La prosodie du français populaire des jeunes : traits héréditaires et novateurs, in : Bertucci, Marie-Madeleine & J. David (dirs) : *Les langues des élèves. Le français aujourd'hui*, 143, AFEF, Paris, pp. 47-55.

Gadet, Françoise (1992) : *Le français populaire*. PUF, Paris.

Gadet, Françoise (2003a) : 'Français populaire' : un classificateur déclassant ? in : Calvet, L.-J. & P. Mathieu (dir.) : *Argots, « français populaire » et langues populaires. Marges linguistiques*, n° 6, www.revue-texto.net, pp. 103-115.

Gadet, Françoise (2003b) : *La variation sociale en français*. Ophrys, Paris.

Gadet, Françoise & Gabrielle Varro (2006) : Le scandale du bilinguisme. Langues en contact et plurilinguismes. *Langage et société*, n° 116, Maison des sciences de l'homme, Paris, pp. 9-28.

Goffman, Erving (1975) : *Stigmate. Les usages sociaux des handicaps*. Éditions de Minuit, Paris.

Gumperz, John J. (1989) : *Sociolinguistique interactionnelle : une approche interprétative*. L'Harmattan, Paris.

Kerbrat-Orecchioni, Catherine (1990) : *Les interactions verbales*, tome I. Armand Colin, Paris.

Labov, William (1976) : *Sociolinguistique*. Éditions de Minuit, Paris.

Labov, William (1993) : *Le parler ordinaire : la langue dans les ghettos noirs des États-Unis*. Minuit, Paris.

Lamizet, Bernard (2005) : Y a-t-il un 'parler jeune' ? in : Bulot, Thierry (dir.) : *Les parlers jeunes : pratiques urbaines et sociales. Cahiers de sociolinguistique*, 9, Presses universitaires de Rennes, Rennes, pp. 75-98.

Lepoutre, David (1997) : *Cœur de banlieue, codes, rites et langages*. Odile Jacob, Paris.

Lodge, R. Anthony (2006 [1993]) : *Le français : histoire d'un dialecte devenu langue*. Fayard, Paris.

Maurin, Éric (2004) : *Le ghetto français. Enquête sur le séparatisme social*. Seuil, Paris, coll. 'La République des Idées'.

Rifkin, Jeremy (1996) : *La fin du travail*. La Découverte, Paris.

Rinaudo, Christian (1999) : *L'Ethnicité dans la cité : jeux et enjeux de la catégorisation ethnique*. L'Harmattan, Paris.

Rivarol, Antoine de (1966 [1784]) : *Discours sur l'universalité de la langue française, suivi des Pensées, maximes, anecdotes et bons mots*. Pierre Belfond, Paris.

Seguin, Boris & Frédéric Teillard (1996) : *Les Céfrans parlent aux Français. Chronique de la langue des cités*. Calmann-Lévy, Paris.

Todorov, Tzvetan (1989) : *Nous et les autres : la réflexion française sur la diversité humaine*. Seuil, Paris.

Trimaille, Cyril & Jacqueline Billiez (2000) : Enjeux des désignations de 'sociolectes urbains générationnels', in : Calvet, L.-J. & A. Moussirou-Mouyama : *Le plurilinguisme urbain*. Institut de la francophonie, Didier Érudition, Paris, pp. 209-228.

Trimaille, Cyril (2005) : Études de parlers de jeunes urbains en France. Éléments pour un état des lieux, in : Bulot, T. (dir.) : *Les parlers jeunes : pratiques* urbaines et sociales. *Cahiers de sociolinguistique*, 9, Presses universitaires de Rennes, Rennes, pp. 97-132.

Wacquant, Loïc (2006) : *Parias urbains. Ghettos, banlieues, État*. La Découverte, Paris.

Dictionnaires et ouvrages consacrés aux parlers jeunes/parlers des banlieues

Aguillou, Pascal & Nasser Saïki (1996) : *La Téci à Panam, parler le langage des banlieues*. Michel Lafon, Paris.

Andreini, Luc (1985) : *Le Verlan. Petit dictionnaire illustré*. Henri Veyrier, Paris.

Anne et Julien (collectif) & Hippolyte Romain (1993) : *Attitude Rock'n Roll*. Éditions Plume, Calmann-Levy, Paris.

Antoine, Fabrice (2000) : *Dictionnaire français-anglais des mots tronqués*. Bibliothèque des cahiers de l'Institut de Linguistique de Louvain, Peeters, Louvain-La-Neuve.

Brunet, François & Declan Mc Cavana (1998) : *Dictionnaire bilingue de l'argot d'aujourd'hui Anglais-français, Français-anglais*. Pocket, Paris, 2e éd.

Caradec, François (1989) : *N'ayons pas peur des mots, dictionnaire du français argotique et populaire*. Larousse, France Loisirs, Paris.

Cellard, Jacques & Alain Rey (1991) : *Dictionnaire du français non conventionnel*. Hachette, Paris.

Dontchev, Dontcho (2000) : *Dictionnaire du français argotique, populaire et familier*. Éditions du Rocher, Monaco.

Girard, Éliane & Brigitte Kernel (1994) : *Le Manuel Ado-Parents – Guide De Conversation*. Pocket, Paris.

Girard, Éliane & Brigitte Kernel (1996) : *Le vrai langage des jeunes expliqué aux parents (qui n'y entravent plus rien)*. Albin Michel, Paris.

Goudaillier, Jean-Pierre (2001) : *Comment tu tchatches ! Dictionnaire du français contemporain des cités*. Maisonneuve & Larose, Paris.

Hernandez, Florence (1996) : *Panique ta langue*. Éditions du Rocher, Monaco.

Levieux, Michel & Éleanor Levieux (1999) : *Insiders' French : Beyond the Dictionnary*. University of Chicago Press, Chicago.

Merle, Pierre (1986 et 1989) : *Dictionnaire du français branché suivi du guide du français tic et toc*. Seuil, Paris, coll. 'Point-Virgule'.

Merle, Pierre (1990) : *Le blues de l'argot*. Seuil, Paris, coll. 'Point-Virgule inédit'.

Merle, Pierre & Hoviv (1991) : *Le yaourt mode d'emploi*. Seuil, Paris, coll. 'Petit-Point'.

Obalk, Hector, A. Soral & A. Pashe (1984) : *Les mouvements de mode expliqués aux parents*. Robert Laffont, Paris.

Philippe, Pierre-Adolphe, M. Mamoud & G.O. Tzanos (1998) : *Tchatche de banlieue*. Mille et une nuits, Paris, coll. 'Le rire jaune' (nouvelle édition revue et augmentée du *Dico de la banlieue* (1995), La Sirène, Paris).

Vergne-Rudio, Alice (1990) : *Rajeunissez votre français*. Éd. Nordéal, Lambersart, 2e éd.

Du français mâtiné de langues étrangères : un supplément de sens ?

par
Daniel MAGGETTI

Peut-être en avez-vous fait l'expérience vous aussi, ces dernières années, au fil de vos lectures : alors que vous êtes plongé dans un livre en français, vous voilà frappé par la fréquence de l'apparition de termes, d'expressions, voire de citations en langue étrangère, surgissant sans crier gare au cœur de nombre de récits. Le phénomène est spécialement frappant dans des textes relevant de deux domaines bien caractéristiques : d'une part, de la littérature dite « migrante », celle qui est le fait d'écrivains qui s'expriment en français, mais qui sont originaires d'autres cultures ; d'autre part, des littératures francophones que l'on pourrait appeler « périphériques », celles donc qui s'élaborent en dehors de l'Hexagone.

La question de ce qu'on pourrait appeler une « dérogation » linguistique est particulièrement sensible, et depuis longtemps, dans le contexte de la Suisse romande ; par ailleurs, il est difficile de mesurer la portée et les implications des usages en passe de s'affirmer à notre époque, si l'on ne dispose pas de paramètres de comparaison dans le passé, celui-ci précédât-il le XXe siècle. Voilà pourquoi je vais commencer par jeter un regard à la fois rétrospectif et quelque peu myope sur quelques repères à mes yeux révélateurs.

Emprunts codifiés

Point n'est besoin d'être grand clerc ou lecteur impénitent pour savoir que l'insertion de termes empruntés aux langues étrangères est une pratique courante dans la littérature française. Traditionnellement, leur utilisation est codifiée de manière stricte : ces vocables apparaissent essentiellement dans des dialogues, donc dans le discours attribuable à des personnages, et la parole du narrateur en est exempte. Les partis qu'on peut tirer de cet usage sautent aux yeux : il s'agit principalement d'un effet de réel qui, dans la convention du roman réaliste, poursuit souvent un but comique, voire grotesque (il suffit à ce propos de se souvenir du baron de Nucingen dans *La Comédie humaine*) ; mais cela peut constituer aussi, avec moins de charge, une manière d'insister sur une certaine couleur locale. En tous les cas – et comme cela arrive aussi avec les termes régionaux –, le recours à une langue étrangère, et son apparition dans un texte français, est indissociable de signes paratextuels soulignant le caractère exceptionnel de l'emprunt : les citations sont marquées typographiquement par l'emploi de l'italique ou des guillemets, et accompagnées en général par des notes de bas de page qui les traduisent. Les écrivains qui ne reculent pas devant cet usage font savoir par là qu'il s'agit d'un dérapage tout à fait contrôlé, d'un choix effectué en connaissance de cause, et à l'intérieur d'un cadre bien défini.

Cette manière de procéder peut donc servir à inscrire de façon plus marquée une intrigue dans un contexte quelque peu exotique. *Exotique*, c'est-à-dire différent de l'univers français et de ses habitudes mentales auxquelles, implicitement, la production littéraire prise en charge par l'édition française, c'est-à-dire parisienne, est destinée. À la fin du XIXe siècle, « ne pas choquer le goût français » est un impératif auquel la plupart des acteurs du champ littéraire souscrivent sans ciller. Cet impératif est la traduction, dans le domaine des pratiques littéraires, d'une croyance alors pratiquement incontestée : croyance en la suprématie non seulement de la nation, mais aussi de l'élément qui la révèle et qui l'incarne, la langue française, outil de raison et de clarté, véhicule de la Déclaration des Droits de l'homme, qui se pense constamment depuis le XVIe siècle, ainsi que l'a bien mis en évidence Noël Cordonier dans plusieurs de ses études, « dans la catégorie de l'universalité ». « Ne pas choquer le goût français », cela implique donc le respect de la langue française, telle qu'elle a été forgée, consignée et transmise par la tradition lettrée.

De multiples exemples permettent de voir comment la certitude du bien-fondé de cette hiérarchie se manifeste, à travers notamment des « rappels à l'ordre » très emblématiques. La sauvegarde de la langue littéraire et académique passe d'abord par le bannissement du langage oral, par le refus de toute « contagion » langagière d'origine populaire : c'est le versant social de la question, dont la meilleure illustration est donnée par le scandale suscité par la publication de *L'Assommoir*. La version « agricole », ou provinciale, de cette réaction est représentée par le rejet des tentatives visant à faire admettre des variantes de français régional dans l'expression littéraire : on peut penser, en passant, aux réflexions d'un Rodolphe Töpffer (1799-1846) sur cette question. Si le refus est clair lorsqu'il est opposé à des éléments hétérodoxes, mais issus du domaine de la langue française ou des territoires immédiatement limitrophes, il devient encore plus net lorsque ce sont des éléments de langue étrangère qui doivent être pris en considération. Lorsque le contexte le permet, on admet certes la citation – par exemple de proverbes, de refrains de chansons, voire de poèmes –, dont le sens est toutefois scrupuleusement redonné en français ; les termes « pittoresques », relevant de la vie quotidienne, en particulier de la nourriture, peuvent eux aussi parsemer le texte, comme autant de rappels visibles d'une altérité exhibée, mais immédiatement déchiffrable et aisément réductible au « commun dénominateur » français constituant la norme indiscutée. Les récits de voyage sont le terrain idéal pour ce type de pratique. Dans ses *Voyages en zigzag,* Töpffer (encore lui) recourt à des vocables italiens dès qu'il passe la frontière pour se rendre à Milan, à Côme ou à Venise. Mais son répertoire – où d'ailleurs les fautes abondent, comme s'il affectait de ne surtout pas maîtriser la langue de Dante et de prendre ses distances –, son répertoire se limite à des énumérations alimentaires (« sorbetti, pezzi, aqua marcena et cetera, tutti frutti et ceteri » (Töpffer 1910 [1833], p. 181)), au sabir touristique – qui n'a que peu changé depuis le XIXe siècle –, voire à quelques phrases pour déclencher le rire. Dans le même registre, on pourrait citer un autre grand voyageur, le Fribourgeois établi à Paris, Victor Tissot (1845-1917), qui puise à l'allemand dans plusieurs ouvrages et notamment dans *De Paris à Berlin* (1886).

Quelle que soit la fréquence des termes étrangers, on voit bien là que les modalités de leur emploi sont rigides, et qu'il ne saurait être question de « brouillage » : celui-ci, bien au contraire, est évité par tous les moyens. Que cette rigidité aille de pair avec la certitude de la suprématie du français et avec la nécessité de le respecter, on le voit encore mieux lorsqu'on étudie les pratiques de traduction, et les commentaires des traducteurs sur les textes étrangers. Jusqu'à la Grande Guerre tout au moins, ce qu'on appelle alors « traduction » s'avère être, dans les faits, une *adaptation* : pour parler par métaphores, le texte en langue étrangère est passé au tamis du français, de sa syntaxe, de ses tournures, de son lexique. Il s'agit parfois d'une transformation en profondeur qui, si elle sauvegarde le pittoresque « acceptable », c'est-à-dire celui qui peut être intégré dans le type d'occurrence évoqué ci-dessus, passe par-dessus bord ce qui est jugé trop éloigné des mœurs et des habitudes françaises, et qui ne trouve pas d'équivalent en leur sein, y compris – c'est même là le premier écueil – sur le plan du vocabulaire. De toute manière, le credo dominant veut alors que le français, langue accomplie par définition, puisse *tout* dire ; ce qu'il ne prendrait pas en compte, dans un processus de traduction, ne serait donc que de l'ordre de l'accessoire, ou ne représenterait qu'un inutile écueil sur le chemin du sens. L'expression littéraire française, toutes tendances confondues, épouse traditionnellement un idéal de clarté : le *brouillage* qu'impliquerait une prolifération des termes étrangers apparaît ainsi comme anti-français par essence, et opposé au but poursuivi par tout écrivain français digne de ce nom. À remarquer, en passant, que cette image de clarté se construit à cette époque aussi par opposition au stéréotype de l'Allemagne, la grande ennemie, dont la langue et l'expression, voire la pensée, sont rituellement décrites comme enveloppées des brumes de l'imprécision.

Le français : langue relative, langue absolue ?

Ce titre d'« écrivain français » auquel je viens de faire allusion, il faut du reste le mériter, en donnant la preuve de son allégeance à certaines règles prétendument élémentaires qui iraient de soi lorsqu'on veut s'exprimer dans la langue de Voltaire et de Victor Hugo. Songeons, dans ce contexte, à l'accueil fait à C. F. Ramuz à Paris au milieu des années 1920 : dans le fameux recueil de prises de position *Pour ou contre Ramuz,* en 1926, il est emblématique de constater que, parmi les critiques les plus hostiles au « mal écrire » du Vaudois, il en est qui, pour disqualifier la langue de l'écrivain, l'assimilent au français parlé – c'est-à-dire mal maîtrisé – par une personne étrangère, ou encore, qui feignent de croire que les romans de Ramuz seraient en fait des traductions inabouties. Nouvelle preuve que, s'ils se situent sur des plans différents, le provincial et l'étranger ne partagent pas moins une même forme d'illégitimité. Si l'auteur de *La Beauté sur la terre* est parvenu ensuite à faire admettre comme légitimes des choix stylistiques qu'il justifie par son ancrage régional, cela ne signifie pas que les représentations de la langue française aient été bouleversées. De nos jours encore, dans une situation crispée par l'avancée de l'anglais, mais aussi de l'espagnol ou du portugais, pour s'en tenir au cadre européen, il est facile de recenser les manifestations de résistance, de nostalgie ou de revanche attestant que le « vieil esprit français » en anime encore plus d'un. La force d'attraction du « français universel » est particulièrement frappante chez certains écrivains qui s'expriment en français, mais dont ce n'est pas la langue maternelle. Pour un Hector Bianciotti ou un Andreï Makine, par exemple, qui ne font pas partie de la catégorie des « migrants » évoquée en ouverture, la langue française apparaît comme la seule patrie reconnue, la patrie d'élection qui leur a en quelque sorte permis de devenir eux-mêmes. Reléguées à l'arrière-plan, mais néanmoins implicitement présentes dans le débat, les langues étrangères – y compris, et avant tout, la langue maternelle – font figure dans ces cas-là d'erreurs de parcours, voire d'instruments insuffisants, imparfaits, chevillés à des contextes trop particuliers, à des cultures non universelles.

Encore relativement tenaces dans le contexte franco-français, où elles demeurent peu ou prou associées à des projets politiques, ces mythologies ne me paraissent plus avoir la même vigueur dans le champ littéraire de Suisse française. Parmi les causes possibles de cette différence, il y a, c'est certain, l'exemple libérateur de Ramuz. Grâce à lui, les complexes d'infériorité des auteurs romands vis-à-vis de la langue française, complexes qui se traduisaient notamment dans une tendance au purisme et à l'hypercorrection, ont perdu de leur force. D'autre part, le cloisonnement de la Suisse romande par rapport à la France joue certainement aussi son rôle : des expressions esthétiques s'y élaborent de manière autonome, à partir d'un contexte culturel tout autre que celui de l'Hexagone. Enfin, le fait d'appartenir à un pays plurilingue, et d'être constamment en contact avec des univers linguistiques non francophones, n'est pas sans influence sur les relations qu'on entretient et avec le français, et avec les autres langues. C'est ce qu'ont relevé souvent des écrivains du pays – et je pense en particulier à Nicolas Bouvier, qui a toujours avoué que son rapport avec *les* langues lui venait des habitudes culturelles propres à ses origines.

Une pionnière : Catherine Colomb

Mais la plupart des auteurs sont avares de déclarations explicites ; c'est en les lisant que l'on mesure les résonances et les effets qu'ont eus sur eux les langues d'ailleurs. Une des pionnières en la matière semble être la romancière vaudoise Catherine Colomb (1892-1965), surtout connue pour trois œuvres dont la profonde originalité a souvent été relevée par les critiques. Or, que ce soit dans *Châteaux en enfance* (1945), dans *Les Esprits de la terre* (1953) ou dans *Le Temps des anges* (1962), la présence des langues étrangères, si elle n'est pas massive, n'en est pas moins constante. Les modalités de leur surgissement diffèrent. L'apparition la plus évidente se fait par la citation, comme dans ces deux occurrences de *Châteaux en enfance* :

> Elles arrivaient au cœur de la Saxe, une colline sèche plantée de pins ; Goethe était assis au pied du pavillon sous son grand chapeau de jardinier.
>
> *Ueber allen Gipfeln*
> *Ist Ruh.* (Colomb 1993 [1945], p. 70)
>
> […] les ouvriers arrivèrent au bord du lac en compagnie des piétistes qui tricotaient leurs bas et s'écrièrent comme ils l'inscrivirent dans leurs petits livres cartonnés de fleurettes vertes ou brunes :
>
> *Jetzt sind wir kommen an den See,*
> *Nun ist uns wohl und nicht mehr weh.* (ibid., p. 78)

Ces citations de l'allemand ne sont ni traduites, ni davantage commentées ou référencées. On mesure la distance qui sépare cet usage de celui auquel j'ai fait allusion plus haut : plus aucune béquille n'est mise à disposition du lecteur francophone, à qui, du coup, on fait remarquer la relativité de ses repères. Ce lecteur est ici arrêté en cours de récit, obligé non seulement de reconstituer le sens de ce qui lui est proposé, mais aussi d'établir les connexions entre la phrase citée et le contexte du roman. De deux choses l'une : soit on lui prête des compétences linguistiques, soit on pose exprès des obstacles sur son chemin, comme pour mieux attirer son attention sur la texture du récit, sur ses aspérités, sur le fait que le flux du souvenir – qui est ici à l'origine de la narration – draine avec lui des éléments hétéroclites, n'obéissant pas forcément aux catégories préétablies. Du coup, la citation « brute » de l'allemand, poème ou devise, joue en quelque sorte le rôle de la madeleine proustienne : par métonymie, tout un univers culturel est évoqué et comme porté par ces quelques mots aux sonorités différentes, rappelant qu'ailleurs, pas très loin de nous, les figures de référence, les hiérarchies culturelles, mais aussi la vie quotidienne reposent sur de tout autres bases. Dans d'autres passages, les interactions entre le français et l'allemand sont d'ailleurs plus importantes, et se passent de la mise en évidence que constitue la citation. Voyez par exemple cet autre extrait de *Châteaux en enfance* :

> Marguerite emportait la carafe à musique et une image verte et rouge [...]. Elle la suspendit au-dessus du canapé dans leur « Wohnstube », à côté de l'affiche pyrogravée : *Morgenstund hat Gold im Mund*. [...] Soudain, le vent tiédit, un bouquet de violettes posé dans le cygne numéro trois, celui qui se trouvait sur la commode à côté du « Schlüsselkorb », libéra subitement son parfum [...]. La vieille tante soupira en pensant à Karl qui pourrissait au cimetière, mais à quatre heures, avait annoncé sa nièce, on aurait avec le café un plat varié, une *bunte Schüssel* de gâteaux. (*ibid.*, p. 85)

Ici, si les traductions ne sont pas données, les guillemets subsistent encore, rappelant typographiquement et visuellement au lecteur qu'il zigzague entre deux univers. Mais ailleurs, il arrive que le texte tresse sans aucune marque de discontinuité le français et l'allemand, comme dans ce passage des *Esprits de la terre* :

> Il fallut chercher le docteur dans son petit manteau moutarde ; il quitta sa femme qui mesurait et pesait le double et posait sur le monde les yeux pleins de Sehnsucht des femmes obèses qui se souviennent du temps où elles évoluaient dans l'eau à grands coups de queue. (Colomb 1993 [1953], p. 155)

Il faut évidemment ajouter à ces occurrences celles, plus classiques, qui ont pour cadre les dialogues, à l'instar de celui-ci, parfaitement irréaliste, dans *Le Temps des anges* :

> – Mais Hasso, tu as quitté le Gut ? C'est mon cousin, le Gutsbesitzer.
> – Hermine, il n'y a plus là-bas de Gutsbesitzer, on a coupé notre maison en trois, nous avons des Notbewohner, nous ne sommes plus que des employés. (Colomb 1993 [1962], p. 26)

Ailleurs, c'est l'anglais, par exemple sous les espèces des tics de langage d'un gentleman-farmer fortuné, qui émaille le texte colombien. Partout, on reconnaît les indices discrets d'une écriture palimpseste, où le jeu de l'opposition des registres, la rupture de ton, la discontinuité temporelle vont de pair avec l'entrechoquement de langues différentes qui bruissent et vibrent simultanément. Chez Catherine Colomb, le recours à la langue étrangère se greffe, tout comme l'emprunt littéraire ou l'utilisation du patois vaudois, sur un même projet romanesque polyphonique. Refusant, par impossibilité ou par choix, de faire entendre une voix unique, la romancière, soumise à la logique de la mémoire, ne craint pas de mélanger, voire de brouiller, les niveaux et les lexiques ; elle réalise ainsi une sorte de « patchwork » hautement déstabilisateur, y compris sur le plan des habitudes linguistiques. En intégrant dans son propre discours des termes qui ne sont pas français, le narrateur semble exhiber le fait que seuls ces vocables-là possèdent le sens et la charge affective et culturelle adéquate pour exprimer ce qu'il veut dire. Le poids de leur connotation est tel qu'ils en deviennent intraduisibles ; du moins, la langue française ne paraît pas offrir leur exact équivalent, et des sortes de zones lacunaires s'esquissent ainsi en son sein même.

Se pose dès lors une double question, celle-là même qui va continuer à affleurer, jusqu'à nos jours, dans les œuvres d'autres écrivains. Le tremblement, ou l'hésitation, que traduit le recours à une autre langue, est en effet non seulement une forme d'aveu, peut-être même de dénonciation, de l'insuffisance expressive imputée au français ; ce tremblement entraîne aussi avec lui le doute quant au pouvoir des mots en tant que tels, et par conséquent quant au pouvoir de la littérature de dire le monde. La coexistence, dans un même texte, de vocables puisés à des langues différentes, attire l'attention sur le fait que le langage est une convention ; que les conventions de ce type se côtoient, s'additionnent, mais peuvent aussi s'annuler les unes les autres ; que chacune d'entre elles s'apparente à une volonté de mettre de l'ordre dans le monde, un monde dont la réalité se dérobe à ces tentatives à jamais vaines. Il me semble du reste emblématique et inévitable que de telles interrogations surgissent chez Catherine Colomb, dont la narration, en essayant de suivre les méandres de la mémoire, apparaît souvent comme une radicale remise en question de la pertinence de la logique rationnelle, la logique qui préside aux systèmes de la langue.

Identités en morceaux : Adrien Pasquali, Eugène

Dans le sillage de Catherine Colomb, relevons au moins deux exemples d'œuvres qui prolongent et approfondissent le sillon qu'elle a creusé. Je pense tout d'abord à l'auteur d'origine italienne Adrien Pasquali (1958-1999), et notamment à trois de ses livres, *Éloge du migrant* (1984), *L'Histoire dérobée* (1988) et *Passons à l'ouvrage* (1989), ces deux derniers ouvrages constituant, ensemble, le « Portrait de l'artiste en jeune tisserin ». Dans le premier des récits que je viens de citer, la présence de l'italien éclate dès le titre, qui se complète par la mention « E' pericoloso sporgersi ». Dans le corps du texte, les tournures et les lexiques français et italiens s'interpénètrent, l'emprunt revêtant tantôt la forme de la citation, tantôt celle de l'italianisme, tantôt celle du néologisme. Cet alliage, emblématique, comme l'a signalé Marie Bornand, d'« une identité en plusieurs morceaux » (Bornand 1999, p. 326), apparaît comme un « creuset linguistique reconstruit » (*ibid.*), indispensable au narrateur pour tenter de concilier ses appartenances identitaires. Cette tentative est reprise, à plus grande échelle et en toute polyphonie, dans *L'Histoire dérobée,* par le détour du pastiche. Pasquali y imite plusieurs écrivains « classiques » des lettres romandes, de Ramuz à Charles-Albert Cingria, de Jacques Mercanton à Georges Haldas, voyant dans cette pratique le moyen de la nécessaire confrontation aux voix et aux styles du pays d'accueil francophone, selon un mouvement caractéristique des écritures migrantes. La même quête est au cœur de *Passons à l'ouvrage,* qui fouille du côté de la langue des origines, l'italien, en multipliant les incursions et les insertions textuelles. Au terme de ce parcours, le constat du personnage principal, jeune écrivain, est clair : aucune des langues qu'il pratique ne suffit à le dire ; dans chacune d'entre elles, il n'est qu'un « invité », qui parle « à l'un dans la langue inexistante de l'autre » (Pasquali 1989, pp. 58 et 59). Ce qu'il lui faudra, par conséquent, c'est autre chose, à savoir une langue « qui aura pris forme au gré des circonstances de l'existence » (*ibid.*, p. 62).

Si le projet de Pasquali est ici centré sur les problématiques de la biculturalité et de la quête identitaire, ce qui n'était guère le cas chez Catherine Colomb – pastichée par ailleurs dans *L'Histoire dérobée* –, les moyens employés par les deux écrivains ne sont pas sans parentés. Le constat final, lui aussi, est proche. L'un et l'autre auteur délimitent un espace d'enquête et de réflexion, celui de la littérature, seul en mesure de sonder et les profondeurs de la mémoire, et celles des racines ; si, dans cet espace, l'insuffisance des ressources de la langue, des langues, est confirmée, elle peut au moins y être dite ; enfin, en établissant des liens de contiguïté entre les lieux, les cultures, les langues, la littérature pallie partiellement les lacunes qu'elle dénonce, et recrée sans cesse les relations du sujet au monde – qu'il s'agisse du personnage, du narrateur, de l'auteur ou du lecteur.

Chez Eugène (pseudonyme d'Eugène Meiltz) aussi, dans le récit intitulé *Mon nom,* publié en 1997, la problématique identitaire est centrale. Et elle est associée d'emblée à une réflexion sur la langue et sur ses possibilités : le personnage-narrateur, qui poursuit une enquête sur lui-même, est en effet d'origine étrangère, et ne dispose en français que d'un bagage limité à mille mots. Signalons en passant que l'auteur du texte, qui est d'origine roumaine, mais ne possède plus que les notions de base de sa langue maternelle (il est né en Roumanie en 1969, mais a émigré en Suisse enfant), s'est mis pour écrire ce récit à la place de son personnage, et l'a rédigé en roumain avant de le traduire.

Cette situation d'énonciation particulière, et à bien des égards paradoxale, aboutit à une manière de mise en échec du français : en dépit de tous les efforts d'apprentissage auquel le personnage se soumet, ou plutôt à cause d'eux, la langue qu'il manie ne lui permettra jamais de cerner ce qu'il voudrait dire, et qui demeure définitivement confiné, ou enfoui, dans un « avant » – avant la parole, peut-être même avant le sens, tel qu'on parvient à le définir rationnellement et par des mots. Il s'agit là, bien entendu, d'une magnifique fable allégorique sur la position de l'écrivain, sur ses rapports à la réalité, sur l'impuissance fondamentale liée à l'activité d'écriture. La parole étrangère, ici, est d'abord présente surtout à l'arrière-plan, comme un univers de comparaison, ou comme un refuge qui, par principe, ne peut devenir visible, puisque le personnage s'astreint volontairement et strictement à l'usage du français ; pas de polyphonie, plutôt une monodie minimaliste. Mais le constat de l'insuffisance de la « langue d'accueil », et l'impossibilité de lui en adjoindre une autre (ce que faisaient par exemple les personnages de Pasquali), débouche sur la tentative de création d'une nouvelle langue, la plus étrangère qui soit, composée par le personnage lui-même pour son propre usage, à partir d'un système d'équivalences mathématiques. Vers la fin du récit, le texte d'Eugène se parsème de signes typographiques, de phonèmes isolés, de chiffres : si, en fin de compte, même ce projet-là s'avérera sans issue, le lecteur n'en est pas moins directement confronté, à travers l'émergence de ces éléments à l'étrangeté irréductible, à la question de la convention du langage, et à l'évidence de son inadéquation.

L'espace entre les langues : Beat Christen

Le dernier exemple de mise en présence de langues étrangères au sein d'un texte littéraire nous est fourni par un poète. L'auteur, Beat Christen, né en 1965, est d'origine alémanique. Voici à quoi ressemblent ses textes, dans le recueil qu'il a édité, ou les ensembles qu'il a publiés en revue :

Mélancolie

Mélancolie. Là
elle colle. Je me mêle
à sa lie.
Au gris-violet de Giacometti. (De certains soirs, après le
coucher du soleil.)
Au M de la mort, l'artiste effacé,
que nous sommes mille fois.
Folies anonymes de son lent élan.

Traurigkeit
Traurigkeit. Da
wird sie breit. Ich
trau darin der
Ewigkeit. Dem
Violettgrau
von Giacomet-
ti. (Den vio-
lettgrauen A-
bendhimmeln.) Dem
T vom Tod, dem
schaurigen Traum,
der tausendmal
uns weckt. Namen-
loses Geraun
seiner Schwierig-
keit. (Christen 2003, pp. 24-25)

Disposés chacun sur une page et se faisant face, les deux poèmes nous mettent simultanément en présence de l'allemand et du français. Beat Christen compose ses textes à partir de sa pratique bilingue ; il travaille ainsi « à double », cherchant des équivalences – il ne s'agit pas de *traductions* ! – mais aussi, mais surtout, mettant en évidence des différences, des écarts, des schémas de langue *et* de pensée qui ne correspondent pas lorsqu'on change d'univers linguistique.

Le choix de l'expression *simultanée* en deux langues, à partir d'un même sujet ou d'une même thématique, vient précisément souligner le « quelque chose » d'inconciliable entre les langues. Il n'y a pas, il n'y a jamais d'adéquation parfaite : l'accent est au contraire mis sur « le jeu » (au sens mécanique du terme) irréductible entre les langues – un jeu que seule la perception simultanée des deux versions de chaque texte permet, si ce n'est de combler, du moins de rendre visible, laissant par là accéder à une conscience réflexive du phénomène.

On mesure bien l'immense différence qui sépare ce type de projet de la vision littéraire d'un Makine ou d'un Bianciotti, pour reprendre deux exemples déjà cités. Il s'agit en fait de deux conceptions diamétralement opposées du rapport à la langue en général, et à la langue française en particulier. Chez les uns, l'idéal d'universalité de la langue française, bâti, consolidé et peaufiné au cours des siècles, est toujours d'actualité ; ce qui revient à dire, en simplifiant, que pour eux le français suffit à dire ce qu'ils ressentent au plus profond d'eux-mêmes, ce « fonds intime » qui « se reconnaîtrait », en quelque sorte, dans cette « langue de tous » que serait, intrinsèquement, le français. En dépit du net recul de l'importance effective du français dans le monde, cette croyance me paraît continuer d'inspirer par exemple des publications s'inscrivant dans la filière de la francophonie, et notamment certaines anthologies.

Ce qui domine chez Christen, par contre, c'est la certitude de la relativité des langues, donc de la « non clôture » et de l'« infinitude » de la littérature, qui ne doit pas viser à *épuiser* le sens, mais à multiplier les voies d'accès possibles pour le cerner – y compris sur le plan du lexique. Certes chaque écrivain, dit-on – et on pense aux propos de Proust – se doit de forger sa propre langue à l'intérieur de la langue commune ; le détour ou la mise en exergue des langues étrangères ont au moins le mérite (n'eussent-ils que celui-là) de venir nous le rappeler, et de nous rendre attentifs au fait que chaque œuvre littéraire digne de ce nom est un espace de débat, non un instrument fait pour conforter des certitudes.

Daniel Maggetti
Université de Lausanne

Références

Bornand, Marie (1999) : Figures de l'exil, in : Francillon, Roger (dir.) : *Histoire de la littérature en Suisse romande*, t. IV. Payot, Lausanne.

Christen, Beat (2003) : *Leer/Réel*. Limmatverlag, Zürich.

Colomb, Catherine (1993 [1945]) : *Châteaux en enfance*. Repris dans *Œuvres complètes*, I. L'Âge d'Homme, Lausanne.

Colomb, Catherine (1993 [1953]) : *Les Esprits de la terre*. Repris dans *Œuvres complètes*, I. L'Âge d'Homme, Lausanne.

Colomb, Catherine (1993 [1962]) : *Le Temps des anges*. Repris dans *Œuvres complètes*, II. L'Âge d'Homme, Lausanne.

Pasquali, Adrien (1989) : *Passons à l'ouvrage*. Zoé, Genève.

Töpffer, Rodolphe (1910 [1833]) : *Voyage à Milan*. Repris dans *Derniers voyages en zigzag*. Jullien, Genève.

Écrire le français au Québec :
positions et propositions des écrivains[1]

par
Lise GAUVIN

J'ai eu l'occasion d'explorer, au cours des dernières années, les rapports langues/littérature tels qu'ils se présentent dans la littérature québécoise et dans certaines autres littératures francophones. Ce que l'écrivain québécois a en commun avec ses collègues de ces autres littératures, c'est ce que j'appelle une *surconscience linguistique*, c'est-à-dire une conscience de la langue qui devient à la fois un objet de discours et de métadiscours, un lieu de réflexion privilégié sur le rôle et la nature de la chose littéraire. Écrire devient alors un véritable « acte de langage ». Acte qui engage aussi bien le statut d'une littérature et sa place sur l'échiquier mondial que les modalités d'écriture, c'est-à-dire les poétiques individuelles. L'écrivain québécois partage avec celui des autres littératures francophones une sensibilité particulière à la problématique des langues, sensibilité qui s'exprime par de nombreux témoignages attestant à quel point l'écriture, pour chacun d'eux, devient synonyme d'inconfort et de doute. La notion de *surconscience* renvoie à ce que cette situation d'inconfort dans la langue peut avoir à la fois d'exacerbé et de fécond. Cette situation, Gaston Miron l'avait un jour résumée dans une admirable formule : « Parfois je m'in-

---

[1] Le texte qui suit est une synthèse tirée d'un ouvrage récent : *Langagement. L'écrivain et la langue au Québec*. Boréal, Montréal, 2000. Il reprend, dans une version légèrement différente, une communication présentée dans le cadre du Congrès des études canadiennes, Grainau, février 2005. (« Penser la langue : *langagement* des écrivains au Québec ». *Zeitschrift für Kanada-Studien*, 25. Jahrgang/n° 2, Band 47, pp. 24- 35.)

vente, tel un naufragé, dans toute l'étendue de ma langue » (Gauvin 1997, p. 57). Il y a dans cette phrase à la fois l'envers et l'endroit d'une même réalité, soit la possibilité de naufrage ou d'invention, d'invention *et* de naufrage, l'un et l'autre inextricablement liés.

Je crois en effet que le commun dénominateur des littératures dites émergentes, et notamment des littératures francophones, est de proposer, au cœur de leur problématique identitaire, une réflexion sur la langue et sur la manière dont s'articulent les rapports langues/littérature dans des contextes différents. La complexité de ces rapports, les relations généralement conflictuelles – ou tout au moins concurrentielles – qu'entretiennent entre elles une ou plusieurs langues, donnent lieu à cette *surconscience* dont les écrivains ont rendu compte de diverses façons.

La littérature québécoise, comme la plupart des littératures francophones, a été désignée tour à tour de littérature régionale, périphérique ou mineure. Mais cette dernière désignation, si on la rapporte à ceux qui l'ont mise de l'avant, à savoir Deleuze & Guattari, d'après Kafka, n'a rien de péjoratif. Il s'agit simplement de nommer ainsi la « littérature qu'une minorité fait dans une langue majeure », littérature qui est affectée d'un fort coefficient de déterritorialité. Plus largement encore, cette notion désignerait « les conditions révolutionnaires de toute littérature au sein de celle qu'on appelle grande ou établie » (Deleuze & Guattari 1975, pp. 33-34), dans la mesure où chaque écrivain doit, de quelque lieu qu'il provienne, « trouver son propre point de sous-développement, son propre patois, son tiers-monde à soi, son désert à soi ». Les littératures dites régionales et périphériques deviennent ainsi emblématiques de la condition même de l'écrivain. Proposition séduisante bien que, par son désir de revaloriser la déterritorialisation même, elle semble faire l'impasse sur la douleur et l'angoisse liées à la condition du mineur.

Parmi les conditions révolutionnaires que je viens d'évoquer, l'une des premières est celle qui fait que l'écrivain est, à cause de sa situation, condamné à *penser la langue*. Amère et douce condamnation que celle-ci. La proximité des autres langues, la situation de diglossie dans laquelle il se trouve le plus souvent immergé, une première déterritorialisation constituée par le passage de l'oral à l'écrit, et une autre, plus insidieuse, créée par des publics immédiats ou éloignés, séparés par des historicités et des acquis culturels et langagiers différents, sont autant de faits qui l'obligent à énoncer des stratégies de détour. Stratégies qui prennent les formes les plus diverses, qui vont de la transgression pure et simple à la mise en place de systèmes astucieux de cohabitations de langues ou de niveaux de langues, qu'on désigne généralement sous le nom de plurilinguisme ou d'hétérolinguisme textuel. Cette situation particulière dans la langue est bien résumée par une phrase du romancier africain Henri Lopès : « L'écrivain français écrit français. Nous, nous écrivons *en* français ».[2]

Tout écrivain doit trouver sa langue dans la langue commune, car on sait depuis Sartre qu'un écrivain est toujours un étranger dans la langue où il s'exprime même si c'est sa langue natale et qu'« écrire une langue, c'est s'éloigner d'une langue » (Michel Tremblay : *Possibles*, vol. 11, n° 3, printemps-été 1987). Mais la *surconscience linguistique* qui affecte l'écrivain francophone – et qu'il partage avec d'autres minoritaires – l'installe encore davantage dans l'univers du relatif, de l'a-normatif. Ici, rien ne va de soi. La langue, pour lui, est sans cesse à (re)conquérir. Partagé entre la défense et l'illustration, et sachant par avance qu'écrire, ce n'est jamais ni défendre ni illustrer quoi que ce soit et même pas une langue, il doit négocier son rapport avec la langue française, que celle-ci soit maternelle ou non. Comment donc se situer entre ces deux extrêmes que sont l'intégration pure et simple au corpus français et la valorisation excessive de l'exotisme, c'est-à-dire comment en arriver à cette véritable « esthétique du divers » revendiquée par Segalen et, à sa suite, par Glissant ainsi que par les signataires du manifeste *Éloge de la créolité* (Bernabé, Chamoiseau & Confiant 1989) ?

Pour toutes ces raisons, j'ai déjà proposé de substituer à l'expression « littératures mineures » celle, plus adéquate me semble-t-il, de *littératures de l'intranquillité,* empruntant à Pessoa ce mot aux résonances multiples. Bien que la notion même d'intranquillité puisse désigner toute forme d'écriture, de littérature, je crois qu'elle s'applique tout particulièrement à la pratique langagière de l'écrivain francophone, qui est fondamentalement une pratique du soupçon.

« Ce qui caractérise notre temps, c'est ce que j'appelle l'imaginaire des langues, c'est-à-dire la présence à toutes les langues du monde », déclare Édouard Glissant (Glissant 1995, p. 112). Et l'écrivain de préciser : « On ne peut plus écrire une langue de manière monolingue. On est obligé de tenir compte des imaginaires des langues » (*ibid.*). Bien que ce processus touche les écrivains de toutes les cultures, Glissant parle du « tourment de langage » particulier à ceux qui « appartiennent à des zones culturelles où la langue est [...] une langue composite » (*ibid.*, p. 111). Dans le cas où une langue domine l'autre, ajoute-t-il, « le ressortissant de la langue dominée est davantage sensible à la problématique des langues ». Du « tourment de langage » à « l'imaginaire des langues » : ne peut-on voir dans ces deux énoncés l'histoire même de la littérature québécoise ?

C'est du moins l'hypothèse que je formule et que je me suis appliquée à démontrer dans un ouvrage récent intitulé *Langagement* et portant sur « l'écrivain et la langue au Québec » (voir note 1). En voici donc très

---

[2] « L'écriture entre les langues », conférence prononcée à Tokyo en 1991.

brièvement les principales conclusions en ce qui concerne le *sentiment de la langue* exprimé par les écrivains québécois au cours des époques ou plus exactement les déplacements dans le discours sur la langue tel qu'il apparaît en littérature québécoise.

Percevant leur littérature comme une littérature de colonie, les écrivains du XIXe siècle décrivent leur langue comme une langue d'*exil* et insistent sur la distance qui les sépare, aussi bien physiquement que symboliquement, de la mère-patrie. Ainsi de Crémazie cherchant désespérément à obtenir l'attention du « vieux monde » et allant jusqu'à imaginer que le recours à une langue différente – comme le serait le huron ou l'iroquois – aiderait à faire reconnaître la littérature alors en émergence. Cet exotisme par la langue permettrait aux textes d'être traduits et, de cette façon pense-t-il, de mieux traverser l'océan grâce au cachet d'authenticité qui leur serait conféré. Moderne par cet éloge de la traduction, Crémazie n'en est pas moins le porte-parole de son temps par sa manière de concevoir la littérature en termes de norme et d'écart, soit comme une littérature française de la périphérie, donc doublement exilée : à la fois par sa langue et par ses lieux de production.

Les générations qui suivent sont elles aussi prisonnières de cette problématique, les unes cherchant à accentuer leur différence par la mise en évidence de particularismes langagiers, les autres se contentant d'afficher une langue désespérément lisse, jouant à fond la carte de l'universel confondu avec l'hypercorrection. Attitudes trop symétriques pour ne pas être, d'une certaine façon, apparentées. Elles reposent toutes deux en effet sur une idéalisation de la langue qui, à partir de la notion de langue d'*exil* conduit à celle de langue-*refuge*, soit une langue qui servirait de (seul ?) fondement à une spécificité. Les deux attitudes, de plus, supposent une conception territoriale de la littérature, et, somme toute, exotisante puisque le comparant reste dans tous les cas le modèle extérieur et centriste. Il s'agit donc de savoir si une communauté peut ou non instituer sa littérature à partir d'une différentiation linguistique. Il n'en reste pas moins que pour Crémazie comme pour les groupes qui ont suivi jusque vers la deuxième moitié du XXe siècle, la question du rapport à la langue se pose avant tout en terme de légitimation par rapport à la littérature-mère.

A partir des années 1960, cette même question prend une orientation nouvelle : pour les écrivains de *Parti pris*[3], elle ne saurait se discuter sans une analyse préalable du contexte politique et de la position de classe de l'écrivain. Prenant conscience de l'état de domination et de demi-colonia-

---

[3] *Parti pris* (1963-1968) : revue québécoise rédigée par des intellectuels et des écrivains ayant comme triple objectif l'indépendance, le socialisme et le laïcisme au Québec.

lisme dans lequel se trouve alors la société québécoise, ces écrivains perçoivent la dégradation de leur langue comme effet de cette domination. La langue devient pour eux *symptôme* et *cicatrice*. Poètes et romanciers s'engagent alors dans une pratique volontariste d'une « langue humiliée » appelée joual et parlée par les classes laborieuses. Plus encore, ils décrivent leur propre étrangeté dans la langue et leur inconfort devant un matériau qui, par bien des points, leur échappe, démontrant et démontant en des textes-phares, sorte de blues de la dépossession, leur propre aliénation dans le langage. Il ne s'agit plus d'attirer l'attention du « vieux monde », mais de créer les conditions nécessaires à l'établissement d'une littérature qui ne soit pas pure convention. La modernité littéraire s'interroge à son tour sur les présupposés d'une langue, de toute langue, et le rapport au code qui les sous-tendent. De leur côté, les femmes qui écrivent insistent sur l'effraction et la transgression indispensables à l'avènement d'une parole et d'une écriture qui prennent véritablement en compte le féminin. Bien que toujours marquée, la langue est désormais perçue comme une terre nouvelle à défricher et à déchiffrer, un terrain ouvert à tous les possibles, que ceux-ci soient avant tout ludiques, comme c'est le cas pour les écrivains de la modernité, ou subversifs, comme le proposent les écritures au féminin. À la langue symptôme et cicatrice succède la langue *laboratoire* et *transgression*. Plus récemment enfin, des écrivains venus d'ailleurs ont repensé la problématique des rapports langues-littérature et témoigné à leur manière de la traversée des cultures nécessaire à tout acte créateur. La langue y devient *passage* et *trace*, à la fois objet de deuil, de désir et de fascination. Cette thématisation de la langue est présente, notamment, dans les *Lettres chinoises* de Ying Chen.

Je m'arrêterai ici plus particulièrement au discours sur la langue tel qu'il apparaît dans deux manifestes québécois *Speak White*, écrit en 1968 et *Speak What*, écrit en 1989 (Lalonde 1974 et Micone 1989 et 2001), en les situant chaque fois dans le contexte qui les accompagne. Car le discours manifestaire, comme l'ont bien montré Jeanne Demers et Line McMurray constitue « le pouls de l'institution littéraire » (Demers & McMurray 1985, pp. 45-53).

Speak What : une écriture palimpseste

Parmi les manifestes qui mettent en évidence l'enjeu politique lié à la question linguistique, *Speak White*, que l'auteure qualifie de « poème dramatique », est devenu un classique. Le titre renvoie à une expression méprisante utilisée contre les Noirs américains et entendue également par les francophones du Québec, à une certaine époque, pour leur intimer l'ordre de parler « blanc « , c'est-à-dire la langue majoritaire en Amérique : « La langue ici est l'équivalent de la couleur pour le Noir américain. La langue française, c'est notre couleur noire », avouera l'auteure en entrevue

(*Le Jour*, 1ᵉʳ juin 1974). Répétée tel un leitmotiv, l'expression « Speak White » scande le manifeste et lui donne son rythme tout en marquant les étapes d'un texte qui, dans sa brièveté même, reproduit la dramatisation d'une tragédie en cinq actes.

Le premier acte pose le problème et décrit les protagonistes :

> Speak White
> il est si beau de vous entendre
> parler de Paradise Lost
> et du profil gracieux et anonyme qui tremble dans les sonnets
> de Shakespeare

Dans un premier temps, l'expression « Speak White » se trouve en quelque sorte dédramatisée, associée aux références les plus prestigieuses de la littérature anglaise et donnée comme un ordre gracieux. À ce *vous* de culture s'oppose un *nous* « inculte et bègue », bien que déjà en possession de l'héritage des « chants rauques des ancêtres » et du « chagrin de Nelligan ». Le rapport d'inégalité culturelle n'est posé que pour mieux être annulé dans la mesure où la comparaison d'une langue à une autre ne souffre aucune hiérarchie : au prestige d'une langue répondent les possibles d'une autre et un répertoire de chants plus ou moins mélodieux. Entrée en matière doublement ironique donc puisque, d'une part, l'ordre est retourné contre son énonciateur et que, d'autre part, le rabaissement du *nous* paraît une simple figure rhétorique.

Le dernier acte renverse la proposition initiale et semble acquiescer à l'équivalence « Speak White » et « be civilised », puisque la réponse est donnée dans la langue même de Shakespeare et de Longfellow :

> We're doing all right
> We're doing fine
> We
> Are not alone

La langue de l'autre réappropriée – phénomène bien connu des héros shakespeariens – devient synonyme de maîtrise et de nouvelle distribution des rôles. Cette finale résume le double enjeu du texte : mise en scène de la question linguistique et appel à la solidarité des travailleurs de tous les pays.

Speak White a été créé lors des spectacles « Poèmes et chansons de la résistance », en 1968, puis présenté au cours de la Nuit de la poésie, en 1970. Au moment de sa publication en 1974, le texte est perçu comme une réponse à la Loi 22 qui venait alors d'être adoptée et que la communauté francophone du Québec considère nettement insuffisante comme mesure linguistique. Mais au-delà de cet aspect circonstanciel, le manifeste bénéficie d'une large audience internationale et est considéré comme l'un des textes majeurs de la langue française. Son auteure, Michèle Lalonde, devient ainsi le porte-parole d'une revendication qui dépasse les seuls enjeux linguistiques et dénonce l'oppression subie par tous les dominés de la terre.

En 1989, lorsque paraît *Speak What*, les circonstances sont différentes. La Loi 101 a déjà établi de manière non équivoque le français langue officielle du Québec. Mais cette mesure législative ayant été contestée en cour d'appel, une nouvelle loi, désignée sous le nom de loi 178, apporte des modifications importantes à la première, notamment en ce qui concerne la langue d'enseignement. Cette situation ramène une fois de plus la question linguistique sur la place publique. De 1987 à 1989, plusieurs textes paraissent, qui se portent à la défense du français au Québec, parfois sous le mode de l'exaspération et de la colère, comme c'est le cas pour Miron, parfois sous le mode du palimpseste ou de la réécriture, comme le *Speak What* de Micone. « Chus tanné », déclare Miron lors du colloque organisé par L'Union des écrivains en 1987, laissant libre cours à sa colère : « Nous voici à colloquer sur l'avenir du français au Québec ! Comme si nous n'avions rien d'autre à faire. Ad nauseam ! Chus tanné ! » (Miron 1987). Deux ans plus tard, au cri du cœur mironien, sorte de contre-manifeste, répond le « maudite langue » du numéro spécial de la revue *Nuit blanche* consacrée à la langue. Quant au texte de Micone, il produit un effet-choc par son aspect à la fois attendu et inattendu.

Attendu car on pouvait bien supposer que cet écrivain engagé dans la mise au jour des problèmes et conflits liés au sort des immigrants ne resterait pas silencieux et interviendrait d'une manière ou d'une autre dans le débat linguistique au Québec. L'auteur dramatique a déjà produit trois pièces, *Addolorata*, *Gens du silence* et *Déjà l'agonie* (Micone 1996). L'essayiste a publié plusieurs articles explorant la notion de « culture immigrée ». Son étrangeté, Marco Micone la porte avec une fierté dont la lucidité n'est pas absente.

Inattendu, car personne ne pouvait prévoir que son intervention dans le débat linguistique, Marco Micone choisirait de la faire sur le terrain même du corpus littéraire québécois considéré comme classique. Courage ou témérité, voilà qu'il propose une réécriture de *Speak White*, texte sur lequel il opère allègrement greffes et déplacements. Ce faisant, il effectue une double première dans le champ de la littérature québécoise : en prenant la parole sur le terrain miné de la langue au nom de ceux que l'on appelle désormais les écrivains migrants, c'est-à-dire ceux dont le parcours passe par l'expérience d'autres langues que le français, et, également, en osant détourner le sens d'un texte connu de manière sérieuse et non pas ludique comme l'avait fait par exemple Ducharme avec son *Cid maghané*.

Que dit le *Speak What* ? La contradiction se lit dans le titre encore plus fortement que dans le texte modèle. L'ordre donné en anglais à la communauté québécoise par la communauté immigrante est un paradoxe. Paradoxe d'autant plus « manifeste » que la prise de position de l'auteur, sur la question du français, est clairement attestée quelques lignes plus bas par les mots : « Imposez-nous votre langue ». L'expression « Speak What » ne peut donc se comprendre sans référence au manifeste précédent, puisque rien ne semble justifier le fait d'intimer à une communauté francophone l'ordre de parler en anglais. L'intertextualité est posée comme emblématique du manifeste. Cette stratégie affichée permet de lever la lourde hypothèque de plagiat dont a dû se défendre l'auteur de *Speak What*.

Autre élément paradoxal : l'anglais, une fois donné dans le titre, disparaît à peu près complètement. À la différence du manifeste précédent, on n'accorde à l'anglais, dans ce nouveau texte, qu'une valeur de référence ou de citation :

> vous souvenez-vous du vacarme des usines
> And of the voice des contremaîtres
> You sound like them more and more

La commutation des codes ou *code switching* a ici une portée d'autant plus grande qu'elle est plus rare, doublement accusatrice. À partir du « souvenez-vous » (rappel de la devise des Canadiens-français) et après l'allusion à leur condition de prolétaire (« le vacarme des usines »), le texte bifurque vers une phrase bilingue (« and of the voice des contremaîtres ») pour mieux faire porter le coup : « You sound like them more and more ». Ce nouvel énoncé oblige à revoir le titre : le « Speak What » qui scande le poème s'en trouve connoté de toutes les contradictions qui ont agité la scène politique québécoise depuis trente ans et qui opposent encore, dans les sociétés dites modernes, les revendications sociales et les pouvoirs quels qu'ils soient.

Mais revenons encore au titre. Dans *Speak What*, il y a ce mystérieux « what », qui déplace vers une question l'énonciation impérative de *Speak White*. Quelle langue ou quel langage parler ? Le titre n'a-t-il pas pour effet de relativiser l'usage de la langue, de toute langue ? Si l'on traduit *Speak What* par « parler de quoi ? », on se rend compte que la question posée touche davantage le contenu du message que son véhicule. La langue, délestée de ses connotations raciales, apparaît alors comme simple moyen de communication. Ce qui entraîne comme conséquence, ô paradoxe, d'atténuer l'effet langue du texte, d'en faire en quelque sorte un enjeu secondaire. D'une affirmation, on passe à une ellipse, à une forme de suspense, de sens suspendu. Le glissement est d'importance. On pourrait parler d'une déviance, au sens barthien, i.e. là « où la règle se transgresse ». Il me plaît donc de lire *Speak What* comme une question posée à la collectivité québécoise et comme un appel à la parole, quelle qu'elle soit. Plus encore que de parler blanc, bleu ou rouge, il est nécessaire de parler. Dans *Speak*

What, je lis « Parlez de quelque chose », mais aussi « d'autres choses » que de la seule question de langue. Dans *Speak What*, je lis enfin « Parlez » et « Parlez-nous ».

Le drame que décrit Micone renvoie à celui de sa pièce intitulée *Gens du silence* (1982). Écoutons-le décrire le *nous* du manifeste, ce *nous* humilié par son mutisme, qui évoque sa parole à l'imparfait :

> Nous avions les mots
> de Montale et de Neruda
> le souffle de l'Oural
> le rythme des haïku

Le présent est celui d'un triste constat, puisque « nos parents ne comprennent déjà plus nos enfants » et qu'à St-Henri et à Montréal-Nord, « nous (y) parlons la langue du silence / et de l'impuissance ». Quant à l'avenir, il reste problématique :

> Imposez-nous votre langue
> nous vous raconterons
> la guerre, la torture et la misère
> nous dirons notre trépas avec vos mots
> pour que vous ne mourriez pas

On a souligné l'ambiguïté de ce futur associé aux images de trépas et de mort. Mais ne s'agit-il pas plutôt de faire resurgir les images de deuil pour renoncer à la nostalgie ?

> La finale du manifeste est à son tour fort évocatrice :
> nous sommes cent peuples venus de loin
> pour vous dire que vous n'êtes pas seuls

Pour dire cette grande et belle chose, Micone n'a pas eu besoin, comme Lalonde, de recourir au *code-switching*. Comme si l'usage du français, cette fois, allait de soi. En 1989, un chapitre de l'histoire du Québec vient d'être tourné.

Le manifeste appartient à l'institution dont il est le diagnostic, ou mieux le « commentaire » (Demers & McMurray 1986, p. 155 ; voir également Hayward 1994, pp. 169-184), c'est-à-dire qu'il « doit, selon un paradoxe qu'il déplace toujours mais auquel il n'échappe jamais, dire pour la première fois ce qui cependant avait été déjà dit et répéter inlassablement ce qui pourtant n'avait jamais été dit » (Foucault 1971, pp. 27-28, cité par Demers & McMurray 1986, p. 155). À ce titre, *Speak What* est à la fois agent et témoin des modifications dans le discours sur la langue pratiquée par les écrivains au cours des années quatre-vingt et suivantes. Ce manifeste est un exemple de « transfert culturel », d'un métissage de texte, d'une décontextualisation et recontextualisation dont sont particulièrement friands les artistes de cette époque qu'on dit postmoderne. Il n'est pas indifférent de signaler que la même année que *Speak What*, en 1989, paraît *l'Éloge de la créolité*, cosigné par Bernabé, Confiant et Chamoiseau, manifeste qui modifie en profondeur l'horizon d'attente du lectorat francophone.

En prenant la parole sur le sujet même de la langue, sujet privilégié par l'institution littéraire québécoise depuis ses débuts, et en proposant d'un même souffle un contre-discours au nom des écrivains migrants, Marco Micone inscrit cette communauté dans l'axe d'une légitimité qui ne cessera de s'affirmer par la suite.

Du tourment de langage à l'imaginaire des langues

Dans les œuvres narratives, les manifestations du jeu des langues sont également l'occasion de diverses transformations. Des écrivains de *Parti pris* à Tremblay, de Ducharme aux romanciers des années 80, et à ceux dont le parcours passe par l'expérience d'autres langues que le français, on peut apercevoir des changements qui, en modifiant la fonction des langues ou des niveaux de langue dans le récit, transforment les poétiques romanesques. Du réalisme au carnavalesque, de la modernité à la post-modernité, les esthétiques évoluent vers un détrônement progressif du narrateur en faveur d'une parole à relais et d'un mixage de codes qui modifient en profondeur l'horizon du récit.

Passage donc du tourment de langage à l'imaginaire des langues : tel me semble l'itinéraire emprunté par les écrivains québécois au cours des dernières décennies. Il m'est arrivé de proposer, toujours à titre d'hypothèse (Gauvin 1993, p. 339), que le sentiment de la langue s'est peu à peu modifié à cause d'une nouvelle distribution des fonctions du langage dans la société québécoise. C'est-à-dire qu'en même temps que la langue se reterritorialise, l'écriture se déterritorialise et prend des distances avec la problématique identitaire. Dans cette perspective, le mouvement des années 60 est à comprendre comme une réponse à la difficulté de faire du français, dans la situation québécoise de l'époque, une langue moderne, urbaine, une langue de société et d'État. En somme, pour reprendre le schéma du socio-linguiste Henri Gobard, je dirais que le véritable enjeu n'était pas entre des variétés du français, ou dans un désir exacerbé de distinction par rapport au modèle français, mais dans la volonté de donner au français un statut de langue véhiculaire. Le débat se situait moins entre le vernaculaire québécois et le français châtié ou académique (référentiaire) qu'entre le français et l'anglais, alors utilisé comme langue véhiculaire, du moins dans les grands centres urbains comme Montréal. D'où le militantisme. D'où le joual comme dénonciation d'un *no man's langue* ou d'une contamination involontaire. Une fois le statut accordé au français, la distribution s'est modifiée. Non seulement les attitudes des écrivains changent, mais l'opposition entre français vernaculaire et référentiaire tend à disparaître également. L'intervention d'autres langues devient possible. Le plurilinguisme est moins vécu sous forme de tension que de polysémie verbale et textuelle.

L'identification d'une littérature québécoise, en même temps qu'elle passe par la question de la langue, la dépasse également, dans la mesure où cette littérature a acquis un niveau d'autonomie suffisant pour, jusqu'à un certain point, éviter la cristallisation sur ce sujet et légitimer ses propres usages. La thématisation de la langue, si elle envahit aussi bien les arts visuels que la poésie, n'a plus rien des crispations ataviques. Là comme ailleurs, la langue est devenue un espace de liberté et d'invention. Deux attitudes me paraissent à cet égard particulièrement significatives du nouveau sentiment de la langue qui anime les créateurs contemporains. Celle d'un Rober Racine s'appropriant les mots du dictionnaire pour les exhiber dans ses pages-miroirs ou créant son « Parc de la langue française » dans lequel les mots tiennent lieu de haltes et de paysage. Il faut voir dans ce travail, non pas une sacralisation de la norme, mais plutôt une appropriation de tout le champ – au sens propre comme au figuré – de la langue par un artiste qui a choisi de faire sortir les mots de leur gangue livresque et de les livrer nus à l'imagination du lecteur devenu spectateur ou simple promeneur. Désacralisation qui, dans le dernier recueil de Paul-Marie Lapointe, *Le Sacre* (Lapointe 1998), prend l'aspect d'un retournement parodique : les jurons caractéristiques des Québécois y deviennent les figures d'un jeu à la fois irrévérencieux et poétique. On retrouve une liberté analogue, dans le domaine du récit, chez des auteurs qui, tels Gaétan Soucy, ne craignent pas de mélanger québécismes et néologismes au français le plus châtié. La langue est alors perçue comme un espace de fiction plus que de friction.

Ni phare ni éclaireur, l'écrivain est celui qui, sans abdiquer son devoir de vigilance quant au statut social accordé au français, rend compte d'une variance infinie des poétiques. Soit d'un imaginaire *de* et *par* la langue, d'une *surconscience linguistique* qui a évolué peu à peu vers une conscience de la langue comme d'un vaste laboratoire de possibles. Tel est *langagement* dont témoignent ses œuvres.

Lise Gauvin
Université de Montréal

Références

Bernabé, Jean, Patrick Chamoiseau & Raphaël Confiant (1989) : *Éloge de la créolité*. Gallimard, Paris.
Chen, Ying (1993) : *Les lettres chinoises*. Leméac, Montréal.
Deleuze, Gilles & Félix Guattari (1975) : *Kafka. Pour une littérature mineure*. Minuit, Paris.

Demers, Jeanne & Line McMurray (1985) : Le manifeste, pouls de l'institution littéraire, in : Gauvin, Lise & Jean-Marie Klinkenberg (éds) : *Trajectoires. Littérature et institutions au Québec et en Belgique francophone*. PUM et Labor, Montréal et Bruxelles, pp. 45-53.

Demers, Jeanne & Line McMurray (1986) : *L'enjeu du manifeste/le manifeste en jeu*. Le Préambule, Montréal.

Foucault, Michel (1971) : *L'Ordre du discours*. Gallimard, Paris.

Gauvin, Lise (1993) : Poétiques de la langue et stratégies textuelles, in : Duchet, Claude & Stéphane Vachon (dirs) : *La recherche littéraire. Objets et méthodes*. XYZ, Montréal, pp. 339 ss.

Gauvin, Lise (1997) : *L'écrivain francophone à la croisée des langues*. Karthala, Paris.

Gauvin, Lise (2000) : *Langagement. L'écrivain et la langue au Québec*. Boréal, Montréal.

Glissant, Édouard (1995) : *Introduction à une Poétique du divers*. P.U.M., Montréal.

Hayward, Annette (1994) : *Speak White* et *Speak What*. Contexte et ambivalence. in : Calle-Gruber, M. & Jeanne-Marie Clerc (éds) : *Le Renouveau de la parole identitaire*. Université Paul-Valéry et Queen's University, Montpellier et Kingston, pp. 169-184.

Lalonde, Michèle (1974) : *Speak White*. Éditions de l'Hexagone, Montréal. (Le texte est aussi repris dans Michèle Lalonde (1980) : *Défense et illustration de la langue québécoise*. Seghers/Laffont, Paris).

Lapointe, Paul-Marie (1998) : *Le Sacre*. L'Hexagone, Montréal.

Micone, Marco (1989) : Speak What, *Cahiers de théâtre Jeu*, n° 50.

Micone, Marco (1996) : *Trilogia : Gens du Silence* (1982), *Addolorata* (1984), *Déjà l'agonie* (1988). VLB éditeur, Montréal.

Micone, Marco (2001) : Speak What, *suivi d'une analyse de Lise Gauvin*. VLB éditeur, Montréal.

Miron, Gaston (1987) : Chus tanné, in : Collectif : *L'Avenir du français au Québec*. Québec/Amérique, Montréal, pp. 176 ss.

Un exemple d'« engagement » linguistique en communauté francophone :
la question du *joual* au Québec dans les années 1960/1970

par
Florence DAVAILLE

Dans les sociétés où plusieurs langues sont en contact, la « francophonie » suppose parfois une défense volontariste de la langue. La question du *joual* au Québec dans les années 1960/1970 en est un exemple particulièrement significatif car elle manifeste les enjeux sociologiques, politiques et littéraires du problème. Le *joual* peut être défini comme une langue populaire urbaine de Montréal, souvent désignée, de façon plus restreinte, comme la langue de la classe ouvrière vivant au Nord-Est de la ville, notamment dans le quartier Lafontaine que Michel Tremblay a rendu célèbre dans son œuvre. C'est un type de français qui se répand au Québec dès les années 1930, en ville, avec le développement de la classe ouvrière montréalaise. Il s'écarte pour cette raison du « patois québécois » parlé dans les campagnes, tout d'abord par le grand nombre d'anglicismes qu'il comporte (la langue de l'industrie est alors, au Québec, l'anglais), ensuite par une syntaxe assez différente. Le mot « joual », lui-même, est une déformation du mot « cheval » qui exemplifie l'écart entre ce français québécois urbain et le français « standard » enseigné dans les écoles du Québec (souvent désigné comme « le français de France »). Le terme est utilisé d'abord par les Québécois eux-mêmes de façon péjorative : le joual est honni par toute une catégorie de Québécois attachée à « bien » parler le français pour résister à l'anglais. Le joual est vu, à l'époque, comme le signe d'une domination de l'anglais (en tant que langue, culture et pouvoir politique), dans la mesure où il est marqué par des anglicismes nombreux : il serait donc le signe d'une assimilation progressive, ou d'une acculturation. C'est aussi un parler en rupture avec le modèle du « français de France » enseigné dans les écoles. Or, dans la période des années 1960-1970, le joual va être utilisé, par certains écrivains, comme une « langue-étendard », représentative de la culture québécoise, et donc, d'une certaine manière, de la majorité des Québécois. Naît donc une littérature en joual qui va marquer la scène littéraire pendant une quinzaine d'année, en particulier grâce à l'œuvre théâtrale de M. Tremblay. À côté des écrivains spécifiquement « joualisants », se développe aussi une littérature qui tente – influencée par le débat – de faire parler une spécificité québécoise en écrivant une langue qui s'écarte du français standard. Comment cette opération a-t-elle été menée ? Pourquoi ce « coup de force linguistique » n'eut-il qu'un temps ? En quoi a-t-il tout de même permis la reconnaissance d'une identité québécoise spécifique ? Ce sont les problèmes que l'on développera ici, en tentant d'apprécier l'impact qu'eut une telle expérience sur la reconnaissance d'une identité québécoise.

« L'affaire du joual » : récapitulation
« L'affaire du joual » commence à la fin des années 1950 par un débat sur la qualité du français parlé au Québec. On peut en donner une date précise : le 21 octobre 1959, date à laquelle André Laurendeau[1], directeur du journal de Montréal *Le Devoir,* y écrit un billet sur « La langue que nous parlons » où il déplore que le français parlé par les jeunes qui l'entourent soit de mauvaise qualité : « J'ai quatre enfants aux écoles, des neveux, des nièces, leurs amis. À peu près tous, ils parlent *joual.* » Laurendeau lance ainsi le mot, dont la création lui a été attribuée. Il a déclaré avoir entendu, en réalité, l'expression dans son enfance. Pierre Daoust, dans sa thèse de doctorat, trouve le mot attesté pour la première fois à l'écrit dans l'œuvre de Claude-Henri Grignon, *Les pamphlets de Valdombre* (Bouchard 1998, p. 231)[2]. Quoi qu'il en soit, une quinzaine de jours plus tard, Jean-Paul Desbiens, enseignant, répond sous le pseudonyme de frère Untel : « Je suis d'accord avec vous : nos élèves parlent joual, écrivent joual. Le joual est leur langue. » Cette déclaration est présentée dans le journal sous le titre : « Je trouve désespérant d'enseigner le français ». L'échange va créer un abondant courrier des lecteurs. Desbiens publie, un an plus tard, en 1960, *Les insolences de frère Untel,* où le joual est critiqué comme une langue

---

[1] André Laurendeau sera chargé par le gouvernement canadien de faire un rapport sur le bilinguisme au Canada. Ce rapport, connu sous le nom de « rapport Laurendeau-Dunton », conclura en réalité à un « multiculturalisme » canadien. Il constitue l'amorce de la politique contemporaine de multiculturalisme au Canada.

[2] Daoust, Paul : *Les jugements sur le joual à la lumière de la linguistique et de la socio-linguistique.* (Thèse de doctorat). Université de Montréal, Département de linguistique et de philologie, 1983. Ouvrage cité par Bouchard *op.cit.*

« dégénérée », signe d'une « dégénérescence » progressive de la culture québécoise. De telles déclarations montrent le lien très fort qui unit langue et identité au Québec, dans un contexte de domination par la culture anglo-saxonne.[3]

Le débat sur la qualité du français québécois est ancien au Québec, comme le rappelle Chantal Bouchard dans *La langue et le nombril* (Bouchard *op.cit.*) qui en fait l'historique. On peut le caractériser par trois idées essentielles :

- Il a d'abord été fondé sur la reconnaissance d'un « patois québécois » hérité de la langue du XVIIe siècle, pratiqué dans les campagnes, glorifié pour les valeurs paysannes qu'il véhicule et la ténacité dont il témoigne : un patois symbole des valeurs agriculturistes du Québec.
- Il consiste à défendre le français contre l'anglais et l'image que les anglo-saxons donnent de ce français québécois : un « French Canadian patois » qui pèche par le fait qu'il n'est pas le « Parisian French ».
- Il provoque un débat sur l'enseignement. En effet, le débat sur la langue au Québec, avant 1960, aboutit, à la fois, à la reconnaissance d'une spécificité identitaire reposant sur une langue « marquée » (typiquement québécoise), et à l'exigence d'un « maintien » de la langue (souvent un français « standard »), contre l'anglais, situation d'équilibrisme entre deux pôles opposés.

Ce qui caractérise le débat des années 1960, cependant, est son extrême violence. Il s'agit pour les Québécois d'une véritable crise de conscience quant à leur façon de parler le français. De fait, la discussion est particulièrement nourrie : entre 1959 et 1975, Paul Daoust recense trois articles par semaine en moyenne dans la presse, 2523 articles et ouvrages sur le thème. C'est un discours d'auto-flagellation, de culpabilisation, où il est question d'une langue « dégénérée », de la « bouche molle » des Québécois qui ne forment pas bien les mots… Fortement axé sur la dérive identitaire que l'emploi de cette langue suppose, le débat met en réalité en évidence une évolution fondamentale de la société québécoise : la fin d'une société paysanne, l'avènement d'une société industrielle, ouvrière, qui précisément ne dirige pas les entreprises où elle travaille, une société dominée par le patronat anglo-saxon, et donc marquée par le manque d'éducation et de formation, par la pauvreté. L'analyse n'est pas sans renouer avec de vieilles hantises, provoquées par le discours que les anglo-saxons ont souvent tenu sur les Canadiens-Français. On se souviendra, par exemple, que le

---

[3] Pour plus d'informations sur cette « affaire » et ses conséquences, on se reportera à *Langagement. L'écrivain et la langue au Québec*, de Lise Gauvin (2000). L'ouvrage a notamment informé cet article.

rapport de Lord Durham au XVIIIe siècle, parlant d'un « peuple sans histoire et sans éducation » a poussé un écrivain comme François-Xavier Garneau à écrire *Les Canadiens*.

En réalité, le débat animé dans les années 1960 ne va pas toujours jusqu'à cette analyse socio-économique de la situation des Québécois qui parlent joual. Le discours des détracteurs du joual reste souvent cantonné à un discours sur la langue, mené dans un registre moral : il faut « faire un effort » pour bien parler français, lutter contre la « paresse » de la « bouche molle » québécoise. L'analyse socio-économique du phénomène va être développée plutôt par ceux qui tireront du débat des revendications politiques. C'est en particulier le cas des écrivains qui choisiront de produire une littérature en joual. Le débat apparaît alors dans les revues : après *Le Terroir* et le *Nigog* dans les années 1950, ce sont les revues *Liberté*, fondée en 1959, et *Parti pris*, créée en 1963, qui traitent la question. Elles mettent en évidence la « blessure » que représente une « langue humiliée », symptôme de la « fatigue culturelle » du Canada français : on fait référence ici à plusieurs articles parus dans *Liberté* en 1960, sous la plume d'Hubert Aquin[4]. Ce constat alarmant va aboutir à une revendication littéraire : le joual est l'expression de la grande majorité des Québécois, disent les écrivains de *Parti pris*[5]. Il doit donc être revendiqué comme la langue du « pays réel ». Il faut écrire une littérature en joual, moins pour glorifier cette langue, que pour dire la véritable condition sociale des Québécois, afin de pousser le gouvernement à des réformes politiques. Le premier roman écrit en joual paraît en 1964 sous la plume de Jacques Renaud et porte un titre évocateur : *Le cassé*, c'est-à-dire le « fauché », le sans-domicile, voué aux hôtels sordides et à la délinquance. Ti-Jean, le personnage principal, se fera tuer. Au début du roman, Philomène, son amie, répond par monosyllabes à la jeune femme qui l'a prise en stop dans sa voiture, une étudiante à l'université, parce qu'elle a « peur de mal parler » (Renaud 1968 [1964], p. 18). Pour Jacques Renaud, il s'agit d'écrire « avec des mots vrais, sans trop de majuscules » (*ibid.*, p. 4).

D'une littérature en joual
La littérature en joual est donc une littérature réaliste et engagée dans une révolte contre une situation socio-économique. L'obédience politique des

---

[4] La revue, dans le début des années 1960, entretient le débat sur la langue dans des articles comme : « Notre langue comme une blessure », « La lutte des langues et la dualité du langage », « Une langue humiliée », « L'affaire des deux langues ».

[5] Gérald Godin, André Major, Paul Chamberland, Laurent Girouard, Jacques Renaud.

écrivains de *Parti pris* est claire : un socialisme réclamant des réformes dans une société devenue industrielle. La question du joual ne peut donc être séparée du contexte politico-économique de l'époque, cette Révolution Tranquille qui a restructuré en profondeur la société québécoise[6]. Le discours des écrivains de *Parti pris* est aussi marqué par le tiers-mondisme des années 1960-1970 : la revendication d'une reconnaissance de la culture québécoise (comme culture spécifique) est un discours de *décolonisation*. C'est pourquoi, selon les écrivains de *Liberté* et de *Parti pris*, la culture québécoise doit s'affirmer, même en joual, contre l'anglais, mais aussi *contre le français*, vu comme une langue trop policée, ne correspondant pas à l'usage qui en est fait réellement au Québec. On se souviendra de la déclaration fameuse de Jacques Godbout dans *Liberté* :

> Et tout ce que les écrivains québécois tentent, avec plus ou moins d'habileté, de dire aux écrivains français d'Europe, c'est que la langue française littéraire est trop polie, trop cultivée, trop usée, trop étiolée, trop instruite, trop codifiée, trop propriété privée, trop correcte pour l'usage que nous voulons en faire. Nous avons besoin, pour entrer dans l'espace-temps américain, d'un français plus souple et plus fou et plus utile que le leur, nous avons besoin d'un français sauvage, le québécois, pour nous civiliser. (*Liberté*, 1974)

Une littérature en joual se développe donc : de romans, de théâtre, telles les œuvres de Jean-Claude Germain, de Jacqueline Barrette. C'est une littérature qui pose le problème de la représentation du Québec à travers sa langue.

Le débat va en effet progressivement évoluer : si le joual est revendiqué comme langue du Québec réel, il est aussi la langue que seuls les Québécois peuvent comprendre. Quelques écrivains de *Parti pris* en sont satisfaits, tel Gérald Godin :

> Seuls les Québécois qui sont et auront été victimes de la mise à mort de notre langue et de son remplacement progressif par des apports étrangers, seuls ceux-ci, dis-je, pourront percer les mystères de nos livres. (*Parti Pris*, mars 1965)

D'autres continuent de souhaiter un lectorat francophone plus vaste et un lien avec une francophonie dont le poids démographique peut aider la culture québécoise à se maintenir face à l'Amérique anglophone. Dès lors se repose, en littérature, la question de la langue : laquelle adopter pour à la fois transmettre la spécificité de la culture québécoise, et pour être lu en

---

[6] Parmi les mesures qui ont favorisé une restructuration de la société québécoise, on peut citer : le rapatriement de la gestion des ressources économiques au Québec, la nationalisation des ressources hydro-électriques en 1962, la création d'un Ministère de l'Education et des Affaires Culturelles, celle de la Caisse de Dépôts et de Placements, de la Société Générale de Financement.

France, en Belgique, dans l'espace francophone tout entier ? Les choix de Jacques Godbout et de Michel Tremblay sont, sur ce plan, exemplaires.

En 1968, *Les Belles-sœurs* de Michel Tremblay sont jouées pour la première fois à Montréal. C'est la première représentation d'une pièce « sérieuse » entièrement écrite en joual. Elle remporte un gros succès, qui est aussi de scandale : l'écriture en joual provoque une polémique et a ses détracteurs. Auparavant, les pièces de boulevard reprenant un « parler québécois » n'étaient pas rares. Mais il s'agissait surtout de comédies considérées comme de purs divertissements. Avec *Les Belles-Sœurs*, un théâtre de « drame », « littéraire », s'écrit désormais en joual. L'intrigue est délibérément maigre pour laisser la place sur scène à l'expression d'un parler québécois. Germaine Lauzon, habitante du quartier Lafontaine à Montréal, quartier d'ouvriers bien connu de Tremblay, a gagné des bons d'achat dans un grand magasin. Elle doit coller des timbres sur ces bons pour pouvoir bénéficier de son avoir. Afin d'effectuer l'opération, elle invite des amies à l'aider à cette tâche, dans sa cuisine. La pièce retrace les discussions entre ces femmes, leurs rapports de force. À la fin de la pièce, Germaine s'aperçoit qu'on lui a volé des bons… L'action est donc très réduite. On est dans le cadre du « kitchen theater », rappelant les œuvres de Webster et de Pinter. La société de consommation et ses bizarreries sont en toile de fond. C'est, par ailleurs, un théâtre de parole, qui met en valeur la langue utilisée, et, à travers elle, la représentation psychologique d'un peuple, plus particulièrement de ses femmes. On en retiendra ici un court exemple, le passage où Germaine Lauzon exprime sa déception devant le refus de sa fille de l'aider :

> J'comprends rien pantoute pis j'veux rien savoir ! Parle-moé pus… Désâmez-vous pour élever ça, pis que c'est que ça vous rapporte ? Rien ! Rien pantoute ! C'est même pas capable de vous rendre un p'tit service ! J't'avertis, Linda, j'commence à en avoir plein le casque de vous servir, toé pis les autres ! Chus pas une sarvante moé, icitte ! J'ai un million de timbres à coller pis chus pas pour les coller tu-seule ! (Tremblay 1968 : Acte I, sc.1)

Lise Gauvin a décrit, dans *Langagement*, le joual utilisé par Tremblay dans la pièce (Gauvin *op.cit.*, p. 123). Elle note la fréquence de l'ellipse, la segmentation et la dislocation de la phrase (« Pis tout c'qu'y peut te payer, c'est le théâtre Amherst, le jeudi soir ! »), la déformation imitative des mots (« entéka » pour « en tout cas »), l'élision du e muet qui, par apocope, réduit la surface phonétique des mots (« Oui, que c'est ça, les caisses qui traînent dans'cuisine ? »), l'emploi d'une syntaxe spécifique au québécois telle que celle de la modalité interrogative (« *Tu* m'aimes-*tu* ? »), et d'un lexique idiomatique (« un party de collage de timbres », « être nounoune », « pantoute », « des pinottes »). C'est par la langue que passe la description d'un niveau social, d'une mentalité, d'une émotion. On peut considérer que le projet formulé par Godbout est réalisé ici : l'écriture d'une langue plus colorée. Les thèmes abordés dans les conversations renvoient, en abîme, au débat sous-jacent impliqué par la question du joual : le problème de l'éducation, de la domination d'une classe sur une autre. Le texte pose également le problème de la transcription à l'écrit d'une langue par définition orale. Certains critiques diront que le joual littéraire n'est pas le joual de la rue. De fait, les pièces de théâtre de Tremblay font entendre un joual fluctuant selon les pages ou les œuvres : celui des *Belles-sœurs* n'est pas le même que celui d'*Albertine en cinq temps*, pièce jouée en 1984. Le jeu de retranscription semble aussi, parfois, plus littéraire que réaliste car les variantes sont justifiées par une production de sens interne à l'œuvre ou par la signification globale de l'œuvre, plutôt que par un mimétisme. Par ailleurs, la pièce *Les Belles-sœurs* pose le problème de sa lisibilité ailleurs qu'au Québec. Tremblay refusera longtemps de changer le texte pour qu'il soit joué à Paris. La pièce n'est alors pas du tout donnée en France. L'auteur acceptera ensuite : la pièce est alors représentée à Paris dans un texte adapté. Pour faire entendre cette langue spécifiquement québécoise, tout en restant compréhensible du lectorat francophone, une stratégie d'atténuation est progressivement adoptée dans l'œuvre : *Albertine en cinq temps* est moins joualisante que les textes écrits dans les années 1960-1970. Les particularités syntaxiques y sont limitées. La langue est spécifique surtout dans son lexique.

Jacques Godbout publie, en 1967, *Salut Galarneau !*, l'histoire d'un homme qui vend des hot-dogs à la frontière entre le Québec et l'Ontario. Le roman se fait l'expression de sa philosophie de la vie, notamment quand sa femme le quitte, et de son parcours vers une destinée d'écrivain. L'ouvrage s'achève notamment sur ces mots : « Moi, je veux vécrire ». Sur le plan de la langue utilisée, il présente une syntaxe de français standard et un lexique québécois sporadiquement distribué. « Stie », « en sacrement » : ce sont les mots (pittoresques) d'une langue orale, notamment ce qu'on appelle les « sacres » au Québec (les jurons, qui sont souvent un vocabulaire religieux détourné), des mots exprimant l'émotion du personnage principal. On trouve aussi des termes « référentiels » spécifiques à l'univers du Québec. Leur emploi est néanmoins limité. On peut donc dire que Godbout appartient à cette vague d'écrivains des années 60 qui a cherché, sous l'impulsion de la littérature en joual, des formules moins radicales pour faire connaître un parler québécois. Sa stratégie repose aussi sur le fait de mettre en scène parallèlement d'autres discours, pour marquer leur différence. *Salut Galarneau !* présente donc un pastiche du français de France – par exemple dans la lettre adressée par Jacques, qui est en voyage à Paris, à son frère resté au Québec – et un pastiche du discours publicitaire américanisé : à la façon des collages et des imitations d'Andy Warhol, Godbout tisse un texte quasi-poétique à partir de slogans publicitaires détournés de leur sens et organisés pour réaliser une critique de la société de consommation. Ces imitations soulignent par contraste la spécificité québécoise et reconstituent le contexte dans lequel cette langue évolue à l'époque : ainsi est-elle encadrée de ses deux limites, la langue française et l'américanisation. La langue du roman est sans doute l'un des facteurs qui explique le grand succès de l'œuvre en 1967, publiée par ailleurs au moment du voyage du Général de Gaulle au Québec[7]. Signe d'une acclimatation réussie, le roman de Godbout passera dans les couvertures des éditions du Seuil consacrées aux…œuvres françaises (et non plus étrangères). En 1971, Godbout tente un roman plus joualisant : *D'amour P.Q.* (abréviations qui signifient d'abord « Province du Québec »). L'ouvrage raconte une histoire d'amour entre un écrivain québécois se cherchant une voix (la sienne est trop civilisée, et sa langue trop « française de France ») et sa secrétaire, épigone de la classe populaire québécoise. C'est l'occasion d'un contraste linguistique : entre le pastiche du français policé et la reconstitution d'un parler québécois populaire livré dans toute son étrangeté. Le roman comporte des passages de didascalies qui retracent le ton des différents personnages et soulignent toute la dimension émotive de la langue québécoise employée. La « médiation » auprès du lecteur se fait par l'ajout, à la fin du roman, d'un *glossaire* organisé par l'écrivain, pour permettre de comprendre le texte et d'apprécier la langue québécoise. Le roman aura malheureusement moins de succès, en particulier en France.

Réception et évolution de la question du joual
La littérature en joual a provoqué un débat très vif dans la société québécoise. Elle provoque l'enthousiasme chez certains écrivains et engrange une préoccupation linguistique accrue dans la littérature du Québec pendant ces décennies : « joualiser » semble incontournable. Parallèlement – et cela explique aussi le succès des *Belles-sœurs* – la littérature en joual a du succès parce qu'elle est l'expression d'un peuple qui n'était jusqu'alors pas suffisamment représenté. Pour certains, la littérature en joual amène donc une libération : la fin d'une domination de l'élite, la fin d'un complexe d'infériorité par rapport à la façon dont on utilise le français au Québec. Mais l'expérience rencontre également une grande résistance chez les Québécois eux-mêmes : parmi les enseignants, notamment, mais aussi parmi touxceux qui redoutent, à travers le joual, d'être catalogués comme « provinciaux » et de ne plus avoir accès à une « neutralité francophone » qui leur assure une reconnaissance à l'extérieur du Québec. Parler joual,

---

[7] C'est à l'occasion de ce voyage qu'il prononce l'équivoque « Vive le Québec libre ! »

c'est s'enfermer dans sa culture et dans une certaine classe sociale. Attachés à une pratique non marquée de français, ils souhaitent ne pas … « parler d'même ». Par ailleurs, ils ne reconnaissent pas la classe ouvrière de Montréal comme une représentation de la société québécoise tout entière.

Force est de constater, à la lecture de la littérature québécoise depuis les années 1960, que le joual disparaît peu à peu du discours littéraire. Pourquoi ? Au fur et à mesure de l'évolution sociale du Québec, la classe ouvrière se transforme elle-même : elle accède à un pouvoir politico-économique plus grand, grâce aux réformes de la Révolution Tranquille. Elle devient « classe moyenne ». Le joual est alors moins représentatif d'une cause. Par ailleurs, l'intérêt, pour un écrivain québécois, d'être lu à l'extérieur du Québec atténue le recours au joual : Jacques Godbout ne tentera plus l'expérience après *D'amour P.Q. Les têtes à Papineau*, un roman de 1981 traitant du rapport entre Canada anglophone et Canada francophone (dans le contexte des référendums sur l'indépendance du Québec), ne recourt pas du tout à cette écriture, ni *Une histoire américaine* qui aborde le problème de « l'américanité » du Québec. Michel Tremblay abandonne aussi progressivement l'écriture en joual. Les nouvelles problématiques naissant dans la littérature du Québec sous l'impulsion des plus récentes vagues d'immigration et l'avènement d'une littérature contemporaine du « multiculturalisme » vont déplacer les intérêts. Ainsi, la littérature en joual est ressentie progressivement par les écrivains qui l'ont pratiquée comme une étape dans la reconnaissance d'une culture québécoise, s'appuyant sur un discours indépendantiste qui s'atténue lui-même.

Si l'expérience du joual a exercé une certaine domination culturelle dans l'espace littéraire du Québec, dans l'espoir de faire entendre un Québec que le public ne connaissait pas assez, l'entreprise *semble* pourtant s'être trompée, notamment parce qu'elle reposait sur une analyse partielle de la société québécoise : le joual n'était pas si représentatif que cela de la société du Québec et pouvait enfermer celle-ci dans un particularisme. Par ailleurs, il n'était pas forcément la meilleure façon de résister à l'hégémonie de l'anglais. Néanmoins, il a permis d'imposer, sur la scène culturelle québécoise, dans les esprits et dans le monde francophone, une image forte du Québec en tant que société spécifique. Par sa particularité, son caractère « exotique » – même si l'intérêt pour l'exotisme est discutable – la littérature en joual a fait reconnaître qu'il existait une société québécoise originale et en mutation : une société qui n'était plus figée dans des valeurs paysannes. Elle a fait écouter le Québec. Tremblay déclarait : « Ce qui me permet d'aller ailleurs, c'est mon côté local ou régional » (*Le Devoir*, 26 février 1977). Elle a tenté de combler ce manque dont déjà Octave Crémazie parlait, non sans ironie, à la fin du XIXe siècle : « Ce qui manque au Canada, c'est d'avoir une langue à lui. Si nous parlions iroquois ou huron, notre littérature vivrait » (Crémazie 1976, p. 90). C'est à partir des années 1960 aussi que le Québec commence à se voir comme une société distincte, américaine, et fière d'elle-même. La littérature en joual, ou les tentatives atténuées qu'elle a suscitées, a sans doute été un des outils de cette prise de conscience. Elle a aussi imposé un autre regard sur cette langue qui auparavant était critiquée ou moquée : le joual est devenu une langue littéraire, objet d'un travail d'expressivité spécifique. En ce sens, les écrivains lui ont donné des lettres de noblesse et ont permis d'atténuer la séparation, au Québec, entre la culture écrite de l'élite et la culture orale populaire. Certes, Tremblay a reconnu qu'il ne s'agissait que d'un passage, grâce auquel faire reconnaître une identité québécoise, mais une étape utile et qui a produit son effet bénéfique. Déjà en 1965, il déclarait :

> Les écrivains québécois le sentent bien : dans l'idéal, il nous faudra un jour écrire en un français que pourront comprendre dans le monde le plus de francophones possibles, mais sans jamais sacrifier la description exacte de notre société. C'est pourquoi un certain nombre d'années passées à écrire soigneusement la réalité québécoise (en joual) nous vaudrait peut-être une réconciliation entre l'écriture littéraire et la réalité sociale vivante, c'est-à-dire une raison d'écrire. (*Le Devoir*, 30 octobre 1965)

Florence Davaille
Université de Rouen

Références

Bouchard, Chantal (1998) : *La langue et le nombril. Histoire d'une obsession québécoise*. Éd. Fides, Montréal.

Crémazie, Octave (1976) : Correspondance avec L'abbé Henri-Raymond Casgrain, in : *Œuvres II, Prose*. Éditions de l'université d'Ottawa, Ottawa.

Le Devoir, le 30 octobre 1965.

Le Devoir, le 26 février 1977.

Gauvin, Lise (2000) : *Langagement. L'écrivain et la langue au Québec*. Boréal, Montréal.

Liberté, 1960 et 1974.

Parti Pris, mars 1965.

Renaud, Jacques (1968) [1964] : *Le cassé*. Éd. Parti pris, Ottawa/Québec.

Tremblay, Michel (1968) : *Les Belles-sœurs*. Éd. Léméac, Montréal.

Littérature, identité et altérité :
l'instauration de champs littéraires spécifiques au Québec et en Ontario français

par
Lucie Hotte

Pour les « petites » littératures, plus que toute autre, la rencontre entre les cultures s'avère inévitable. En effet, étant donné leur exiguïté, elles doivent constamment négocier avec les cultures dominantes qui les entourent (Paré 1992) afin de pouvoir exister et témoigner de leur spécificité. Elles s'élaborent ainsi face à l'Autre, avec lui et contre lui. L'instauration de champs littéraires spécifiques aux « petites » littératures se fait donc en fonction des littératures dominantes avec lesquelles elles partagent un territoire. Conséquemment, fonder une littérature « nationale », c'est-à-dire une littérature propre à une communauté culturelle, constitue à la fois un acte littéraire et un acte politique. Pour les littératures en émergence cela s'avère d'autant plus vrai du fait que les littératures et les cultures majoritaires environnantes occupent une place prédominante dans la vie politique, culturelle et littéraire tant locale qu'universelle. En outre, étant donné leur relative jeunesse, elles constituent une aire de recherche particulièrement propice pour l'étude de la mise en place de champs littéraires spécifiques. C'est le cas des littératures francophones du Canada.

Tant la littérature québécoise que les littératures francophones hors-Québec, dont la littérature franco-ontarienne, ont dû, au cours de leur histoire, négocier cette rencontre avec l'Autre afin de mettre sur pied des institutions littéraires autonomes. Dans cet article, j'examinerai comment les littératures francophones du Canada se sont définies depuis leur début commun au XIXe siècle en fonction de quatre moments bien précis qui serviront de points de repère. D'abord, le milieu du XIXe siècle permettra de voir comment, dès sa naissance, se conçoit la littérature canadienne-française. Je comparerai par la suite cette première définition à celle qui domine au début du vingtième siècle pour ensuite aborder la conception de la littérature dans la mouvance du mouvement nationaliste québécois des années 1960, qui mènera à une scission du champ littéraire canadien-français. En effet, à compter de ce moment, naîtront des littératures propres aux diverses communautés francophones du Canada en fonction de leur province d'origine. Enfin, j'étudierai le développement de la littérature franco-ontarienne.

Fonder une littérature nationale

Dès ses débuts, la littérature francophone du Canada, que l'on appelle alors la littérature canadienne-française, ou tout simplement canadienne, s'élabore en fonction de l'Autre omniprésent, l'Anglais, et de l'Autre mythique, le Français. Le désir de fonder une littérature nationale, qui apparaît autour de 1825 avec la parution de *La Bibliothèque canadienne*, s'affermit suite à la défaite des Patriotes en 1838, au rapport de Lord Durham, pour qui les Canadiens français sont un peuple sans histoire et sans littérature, et à l'Acte d'union de 1840, qui ravivent la menace d'assimilation et son corollaire le sentiment nationaliste. À cette époque, la littérature tient à peu de choses, ce qui a amené Gilles Marcotte à affirmer qu'au Canada français, le discours sur la littérature a même précédé les œuvres (Marcotte 1989, p. 17). Toutefois, malgré un corpus très réduit les intervenants tentent, dès 1845, de définir ce qu'est ou plutôt, étant donné son état embryonnaire, ce que devrait être la littérature canadienne-française. Paraissent alors de nombreux articles, aux titres souvent révélateurs[1], qui cherchent à cerner cette jeune littérature et surtout à inciter les jeunes gens à écrire. Il ne s'agit toutefois pas d'écrire sur n'importe quel sujet, ni dans n'importe quel style, car le projet est de doter les Canadiens français d'une littérature, non pas afin d'avoir sa propre littérature, « mais comme moyen de se faire reconnaître parmi les nations » (Lemire & Saint-Jacques 1996, p. 525). En 1845, Laurent-Olivier David le formule ainsi :

> Entre tous les moyens par lesquels un peuple peut acquérir de la gloire et de l'influence, la Littérature est sans contredit un des plus puissants et des plus nobles [car la littérature permet de] transmettre à la postérité les traditions, les usages, en un mot tout ce qui constitue la nationalité d'un peuple, et de présenter aux générations futures les vertus et le patriotisme de leurs ancêtres. (*ibid.*)

---

[1] Par exemple, « Essai sur la littérature en Canada [...] » de Louis-Auguste Olivier en 1845, « Essai sur la littérature nationale [...] » de Laurent-Olivier David en 1861, « Le mouvement littéraire en Canada » d'Henri-Raymond Casgrain en 1866.

Littérature, identité et altérité 83

Le pouvoir qui est ainsi dévolu à la littérature détermine son contenu : la littérature permet à un peuple d'exister dans la mesure où elle raconte les exploits et les réalités de ce peuple. Un second élément se greffe à cette première exigence : la littérature d'un peuple doit être spécifique à ce peuple et conséquemment doit se démarquer de la littérature des autres peuples. Comme les Canadiens français sont férus de littérature française et comme ils considèrent la France comme la mère patrie, la littérature canadienne-française sera donc définie en regard de la littérature française dont elle doit se démarquer afin de représenter avec exactitude la réalité et les mœurs du Canada. Le troisième élément dont les critiques tiendront tous compte est la nécessité pour la littérature canadienne-française de susciter l'intérêt du lecteur européen et principalement français afin de pouvoir soutenir la comparaison avec les littératures européennes.

Parmi les articles qui cherchent à définir la littérature canadienne-française, celui de l'abbé Henri-Raymond Casgrain, « Le mouvement littéraire en Canada » (Casgrain 1896 [1866], pp. 353-375), énonce des normes qui régiront la littérature durant plus de trois quarts de siècle. Pour Casgrain, comme pour Monseigneur Camille Roy qui tiendra à peu près le même discours au début du XXe siècle, la littérature canadienne-française doit être catholique et à l'image du pays, seules spécificités qu'elle puisse revendiquer. Après avoir fait l'apologie des jeunes écrivains canadiens, l'abbé Casgrain fixe les balises de la nouvelle littérature. Selon lui, la littérature canadienne sera :

> grave, méditative, spiritualiste, religieuse, évangélisatrice comme nos missionnaires, généreuse comme nos martyrs, énergique et persévérante comme nos pionniers d'autrefois ; et en même temps elle sera largement découpée, comme nos vastes fleuves, nos larges horizons, notre grandiose nature, mystérieuse comme les échos de nos immenses et impénétrables forêts, comme les éclairs de nos aurores boréales, mélancolique comme nos pâles soirs d'automne enveloppés d'ombres vaporeuses, – comme l'azur profond, un peu sévère de notre ciel, – chaste et pure comme le manteau virginal de nos longs hivers. (*ibid.*, p. 368)

Aussi, après cette énumération de traits d'ordre moral, Casgrain décrète que cette littérature sera « essentiellement croyante, religieuse » (*ibid.*). Dans son « Étude sur *Angéline de Montbrun* par Laure Conan », il précise : « Notre littérature ne peut être sérieusement originale qu'en s'identifiant avec notre pays et ses habitants, qu'en peignant nos mœurs, notre histoire, notre physionomie : c'est sa condition d'existence » (Casgrain 1896, p. 417).

Si le discours sur la littérature nationale est plus prospectif que rétrospectif au milieu du XIXe siècle, tel ne devrait pas être le cas au début du XXe. Il n'en demeure pas moins que Camille Roy énonce des principes similaires à ceux de Casgrain dans sa célèbre conférence de 1904 intitulée

« La nationalisation de la littérature canadienne » (Roy 1907). Les points de recoupement avec l'article de Casgrain sont nombreux. Camille Roy rappelle d'abord le discours dominant au sujet de la littérature canadienne française : « Traiter des sujets canadiens, et les traiter d'une façon canadienne : tel est le mot d'ordre, ou le refrain que s'en vont répétant nos publicistes et nos critiques » (*ibid.*, p. 347). Il poursuit en affirmant que bien qu'il soit impossible d'imposer aux écrivains des sujets exclusivement canadiens,

> à cette heure de l'histoire de notre littérature, notre principale occupation, à nous Canadiens, ne doit pas être de faire des romans de mœurs où s'étale la vie des Topinambours, ni non plus d'apprendre au monde comment, en Chine, s'est développée et affermie la dynastie régnante que fonda, au XVIIe siècle, Choun-Tchi. (*ibid.*, p. 347)

En fait, tout le texte de Roy vise à prouver qu'« il ne faut pas égarer sur des sujets étrangers, ou gâter par des procédés exotiques notre littérature canadienne » (*ibid.*, p. 346). Aussi, si Roy affirme que les écrivains canadiens-français peuvent s'intéresser à tous les sujets, il s'agit en fait d'un subterfuge, puisqu'il s'empresse par la suite d'affirmer avec vigueur la nécessité « de développer parmi nous une littérature originale » (*ibid.*, p. 356). Or comment faire ? Selon Monseigneur Roy, la solution est simple, il suffit tout simplement d'imprégner nos textes de notre « âme canadienne ». La question, bien sûr, est alors de bien comprendre l'âme canadienne que Roy s'empressera de définir. D'abord, selon lui, « l'âme canadienne, l'âme du peuple canadien est demeurée beaucoup plus simplement et beaucoup plus complètement pénétrée des traditions de la vie chrétienne » (*ibid.*, p. 358) que l'âme française, aussi « notre littérature doit être tout d'abord franchement chrétienne » (*ibid.*, p. 359). Ensuite, il décrit comment l'âme canadienne – nous dirions aujourd'hui l'identité ou la culture – se distingue de l'âme française à cause de la réalité sociale canadienne. Cet argument vise à promouvoir la fondation d'une littérature canadienne distincte de la littérature française. Toute la pensée de Roy se résume dans ces prescriptions qu'il donne aux écrivains :

> ce que l'on recommande avec instance, c'est qu'ils choisissent des sujets où l'esprit canadien puisse s'affirmer avec plus de personnalité ; c'est qu'ils évitent de s'aventurer en des matières où ils ne pourraient rivaliser avec des écrivains qui en d'autres pays sont plus cultivés et mieux pourvus de tout ce qu'il faut pour les approfondir ; c'est qu'ils s'appliquent à des questions qui ne peuvent pas ne pas émouvoir et ébranler toutes les puissances de nos âmes canadiennes, qui ne peuvent pas ne pas relever de notre littérature nationale : c'est en d'autres termes, qu'ils traitent tout d'abord des sujets canadiens. « Soyons de chez nous, et nous aurons grande chance d'être du Canada ! » (*ibid.*, p. 367)

Ainsi tant pour Casgrain que pour Roy, la littérature sera définie en fonction de la réalité canadienne-française et surtout de l'identité canadienne-française. Elle se démarquera donc autant de la culture protestante de l'Anglais que de la littérature française.

Cette volonté de produire une littérature réaliste et nationaliste restera au centre de la conception de la littérature au milieu du XXe siècle. Ce qui change toutefois est la conception que l'on a de la réalité canadienne et de l'identité canadienne ou plutôt dans le contexte politique de cette époque de la réalité québécoise et de l'identité québécoise. Durant les années 1950 et 1960, une littérature de la « décolonisation » prend forme. On assiste alors à une prise de conscience d'une certaine « québécitude », indissociable de l'influence des poètes Aimé Césaire et Léopold Sédar Senghor et à l'expression d'un mal de vivre québécois engendré par le colonialisme et l'aliénation culturelle, inséparable d'une littérature de la décolonisation qui s'élabore en Afrique du Nord. L'Autre exploité et minoritaire, Africain ou Antillais, devient alors un modèle, un révélateur, qui permet de prendre conscience de sa propre situation, alors le Canadien anglais, peint sous les traits du colonisateur, se voit dès lors investi des traits de l'altérité la plus prégnante. Cette conception de la littérature se remarque particulièrement chez les écrivains rattachés à la revue *Parti pris*.

Parti pris est une revue résolument socialiste qui s'inspire des thèses de la décolonisation avancées par Albert Memmi et Franz Fanon pour proposer une nouvelle analyse de la situation politique du Québec. Les premiers comités de rédaction regroupent des jeunes de vingt à vingt-cinq ans : André Brochu, Pierre Maheu, André Major, Paul Chamberland, Jean-Marc Piotte, auxquels se joindront par la suite Jacques Renaud et Gérald Godin. La revue se donne pour tâche l'étude théorique de la révolution à opérer pour parvenir à la « formation d'un État du Québec, État libre, socialiste et laïque ». Selon eux, la littérature devra illustrer la revendication sociale et nationale par une totale remise en question de la pensée et de la littérature traditionnelles du Québec. Aussi, les thèmes, le ton, la langue des romans de Laurent Girouard (*La ville inhumaine*, 1964), Claude Jasmin, Jacques Renaud (*Le Cassé*, 1964), André Major (*Le Cabochon*, 1964) opèrent avec le passé une rupture radicale. Pierre de Grandpré signale qu'il

> [...] s'agissait, pour ces très jeunes écrivains débordant de fureur et de violence parce que dépossédés, de décrire, à travers des personnages issus du milieu le plus défavorisé, la réalité de l'aliénation québécoise aux plans économique, linguistique et national, d'en faire éclater la démonstration comme une bombe, dans sa hideur et dans son dénuement ; de s'armer d'une commune indignation, du mépris radical de ceux qui les avaient précédés. (Grandpré 1969, p. 119)

Parti pris optera donc « pour la vision du prolétariat ». La revue deviendra le lieu d'une littérature politiquement engagée et novatrice au plan formel, engagée, non pas au sens traditionnel de littérature à thèse, réduite à une idéologie, mais responsable, l'écrivain étant responsable de ses choix et ces choix étant nécessairement prescrit par le contexte social. On remarque que les préoccupations religieuses et l'intérêt pour le passé disparaissent. Cependant on conserve l'idée que la littérature doit être nationale et refléter la réalité.

C'est au niveau de la langue que ces romanciers manifestèrent le plus d'audace en utilisant le joual « comme une structure de décomposition qui dénonce l'abâtardissement culturel, social, politique. Aucune intention pittoresque ; l'utilisation du langage populaire est systématique, massive, historique et critique » (Mailhot 1997, p. 144). Certes, le joual était apparu dans les romans auparavant, chez Ringuet, Gabrielle Roy, Roger Lemelin, Félix-Antoine Savard et Germaine Guèvremont, mais il apparaissait dans ces œuvres par souci de réalisme, pour rendre les discours des personnages vraisemblables. Or, pour les écrivains de *Parti pris*, le joual est une manière de signifier et son sens particulier ne se comprend que par opposition aux œuvres écrites en français dit universel ; le joual donne sens à la collectivité, dit son aliénation et exprime la déchéance de l'être.

La littérature est alors mise au service de revendications sociales et nationales propre aux Québécois. À compter de ce moment, la littérature émanant du Québec se définit comme québécoise et non plus comme canadienne-française. La montée du nationalisme québécois qui marque le passage d'une identité francophone pancanadienne – l'identité canadienne-française – à celle fondée sur le territoire du Québec entraînera l'éclatement du Canada français dans l'imaginaire collectif. Les Canadiens français du Québec deviennent dès lors des Québécois et l'identité canadienne-française devient de fait caduque. Pour les francophones habitant à l'extérieur du Québec, c'est leur identité propre qui disparaît du même coup puisque, n'habitant pas le Québec, ils ne peuvent endosser celle de Québécois.

En fait, comme les francophones du Québec sont de loin les plus nombreux au Canada, leur désir de se replier sur leur territoire provincial pour en faire leur pays a des répercussions importantes sur la vie des francophones vivant à l'extérieur du Québec. Peu nombreux, très dispersés sur un vaste territoire, ceux-ci devront, eux aussi, se rallier à l'intérieur des frontières de leur province. De cette nécessité découlera un discours identitaire fort qui mènera au développement de corpus littéraires francophones provinciaux : la littérature acadienne[2], franco-ontarienne, franco-manitobaine, fransaskoise, franco-albertaine et franco-colombienne. La littérature franco-ontarienne surtout connaîtra un essor remarquable.

Écrire en français en Ontario

La littérature franco-ontarienne apparaît donc suite à la montée du nationalisme au Québec et à la prise de conscience identitaire qui a amené les Québécois à s'identifier comme Québécois. Elle sera perçue, par les intervenants de l'époque, comme le moyen privilégié de fonder une identité collective, en s'opposant à la fois au Québec, à la France et au Canada anglais[3]. Ce nouveau discours identitaire s'élabore à Sudbury dans le Nord de l'Ontario. Plus éloigné du Québec que l'Est ontarien où les francophones sont aussi nombreux, plus fortement francophone que le Sud, Sudbury en particulier et le Nord de l'Ontario en général deviendront le centre culturel francophone de l'Ontario français durant les années 1970. Encore une fois, ce seront de jeunes étudiants qui prendront la parole et mettront en place les principales institutions culturelles de l'époque qui sont encore aujourd'hui très actives : le Théâtre du Nouvel-Ontario, les Éditions Prise de parole, la Nuit sur l'étang, la Galerie du Nouvel-Ontario. Ils se réunissent d'abord à l'Université Laurentienne au sein de la troupe théâtrale universitaire suite à un article paru dans le journal étudiant qui cherche à recruter des étudiants pour la création d'une pièce. Cet article, signé « Molière go home », fixe le cadre du courant littéraire qui dominera le paysage littéraire franco-ontarien jusqu'au milieu des années 80, celui que je désigne sous le terme de « littérature de la conscience collective » :

> Il semble superflu de le dire mais nous sommes franco-ontariens.
> [...]
> Je suis mineur, fermier, bûcheron, ouvrier. Je suis minoritaire et marginal dans ma province. J'ai des leaders que je n'ai pas choisis, tirés d'une élite qui

---

[2] Le cas de la littérature acadienne est particulier. Puisque l'Acadie a été colonisée avant le Québec, peu d'Acadiens sont de descendance québécoise. En outre, l'expérience traumatisante de la Déportation a contribué à fonder une identité collective distincte de celle des Canadiens français.

[3] Voir François Paré (1994) : « L'institution littéraire franco-ontarienne et son rapport à la construction identitaire des Franco-Ontariens », in : Letourneau, Jocelyn (dir.) & Roger Bernard (coll.) : *La question identitaire au Canada francophone. Récits, parcours, enjeux, hors-lieux.* PUL, Sainte-Foy, coll. 'Culture française d'Amérique', pp. 45-62, et Lucie Hotte (2000) : « Littérature et conscience identitaire : l'héritage de CANO », in : Fortin, Andrée (dir.) : *Produire la culture, produire l'identité ?* PUL, Sainte-Foy, coll. 'Culture française d'Amérique', pp. 53-68.

> pense me représenter et se soucie de mes intérêts les plus pressants en me parachutant des tournées d'artistes étrangers, en me chiant sur la tête avec des campagnes de bon parler.
> Je prends des cours universitaires de littérature où des profs européens s'acharnent à me déraciner en corrigeant ma prononciation, mon vocabulaire et ma pensée, et où ils achèvent de m'aliéner et de me dépersonnaliser. Qui suis-je ?
> C'est à cette question que nous voulons, par le biais du théâtre, répondre. C'est le dilemme que le théâtre doit monter sur scène. Et ce drame doit être monté *on our terms*. En 1970, en Amérique, au Canada, en Ontario, à Sudbury, avec nos corps, nos voix et nos personnages. (Tremblay 1996, pp. 20-21)

Ce courant que Robert Yergeau décrit comme une littérature contextualisée, voire même surcontextualisée (Yergeau 1996, pp. 30-32), « marque et martèle l'origine du groupe culturel dont elle émane » (Paré 1992, p. 123). Comme le souligne Paré, ces œuvres « s'efforce[nt] de transmettre des signes typiquement collectifs » (*ibid.*, p. 124) . Cette littérature se veut l'expression d'un « nous » collectif, comme en témoigne le mandat de la maison d'édition Prise de parole : « Prise de parole est une maison d'édition franco-ontarienne ; elle se met donc au service de tous les Franco-Ontariens. » Toutefois, contrairement à ce qui s'est produit au Québec, peu de textes critiques visent à définir ce que sera la littérature franco-ontarienne. Certes, l'influence de Fernand Dorais, professeur à l'Université Laurentienne et mentor de ces jeunes aspirants écrivains est inconstable, mais ses écrits sur l'Ontario français, de nature plus sociologique que littéraire, portent essentiellement sur la condition franco-ontarienne (Dorais 1984 et 1990). Il faut donc plutôt chercher dans leur engagement social et surtout dans leurs textes littéraires leur conception de la littérature franco-ontarienne.

La première pièce de théâtre qu'ils produisent suite à la parution de l'article dans le journal étudiant, *Moé j'viens du Nord, stie*, est emblématique de la volonté qu'ont ces jeunes de se doter d'une littérature qui parle d'eux, qui témoigne de leur existence. D'emblée, le titre souligne l'importance accordée à la question identitaire, d'abord par l'utilisation du pronom personnel, ensuite en soulignant le lieu d'origine, le Nord, et finalement en utilisant la langue orale ; ces deux derniers éléments seront omniprésents dans la littérature franco-ontarienne de cette époque. De plus, les normes fixées par Pierre Bélanger pour cette création collective deviendront éventuellement la base du mandat que se donnera la Coopérative des artistes du Nouvel Ontario (CANO), fondée par ce même groupe de jeunes gens, soit produire des œuvres qui « illustre[nt] la réalité que nous vivons aujourd'hui dans nos familles, nos paroisses, notre milieu franco-ontarien » (Tremblay *op.cit.*, p. 25). Ces œuvres devaient non seulement témoigner de la culture et du vécu franco-ontariens, mais servir aussi à fonder une « communalité », c'est-à-dire un sentiment d'appartenance et, par le fait même, une identité franco-ontarienne. Cette pièce, par exemple, met en scène le dilemme que vivent plusieurs jeunes Franco-Ontariens, à l'époque et sans doute encore aujourd'hui : doit-on poursuivre des études universitaires ou adopter le mode de vie traditionnel et travailler à la mine ? D'autres pièces de cette époque, celles d'André Paiement, de Jean Marc Dalpé et Brigitte Haentjens et, plus tard, celles de Michel Ouellette décrivent la société franco-ontarienne. *La parole et la loi* (La Corvée 1980)[4], par exemple, création collective du théâtre La Corvée de Vanier dirigé par Brigitte Haentjens, ressuscite l'époque où le français fut interdit dans les écoles en Ontario suite à l'entrée en vigueur du Règlement 17 en 1912 et témoigne de l'angoisse toujours présente des Franco-Ontariens face à l'avenir ; *Hawkesbury Blues*, de Brigitte Haentjens et Jean Marc Dalpé, raconte la vie d'une femme de Hawkesbury, de son enfance à la vie adulte, du chômage qui sévit, des grèves et de la fermeture des usines à Hawkesbury, alors que *1932. La ville du nickel. Une histoire d'amour sur fond de mines*, des mêmes auteurs, peint la vie des mineurs de Sudbury, leur revendication syndicale tout en racontant une histoire d'amour. Ainsi, les préoccupations sociales et identitaires s'imposent d'entrée de jeu comme thématique.

Il en est de même en poésie où « la poésie du pays » met en scène la douleur de vivre des Franco-Ontariens. La poésie de Patrice Desbiens en est un exemple marquant. Les toponymes, noms de villes, de rues, de lacs, de rivières y abondent, faisant de l'Ontario français un cadre incontournable :

> Quand j'étais à Timmins
> il y a très longtemps
> le train partait toujours sans moi
> [...]
> Je revois les rues de Timmins
> souples et serrées sous la pluie.
> [...]
> Je revois la rivière Mattagami
> noire et profonde et
> tranquille et troublée
> sous des nuages en
> laine d'acier rouillée.
> [...]   (Desbiens 1985, p. 30-32)

---

[4] *La parole et la loi* confronte deux époques, celle du Règlement 17, circulaire émanant du Ministère de l'éducation de l'Ontario, en 1912, qui interdisait l'enseignement en français en Ontario, et celle des années 70, durant lesquelles les Franco-Ontariens revendiquèrent le droit à des écoles secondaires publiques de langue française.

En outre, ses poèmes, souvent narratifs, racontent la difficulté de vivre en français dans un contexte minoritaire :

> je suis la chérie
> canadienne.
> je suis le franco-ontarien
> dans le woolworth
> abandonné de ses rêves.
> la neige brûle
> dans la fenêtre.
> ma sœur a honte de
> parler français.
> [...]
> je vis à toronto ontario.
> j'ai un larousse de poche
> avec 32 000 mots.
> je trébuche sur ma langue.
> ma langue se détache de
> ma bouche.
> elle se tortille, elle frémit
> comme un chien mourant
> sur la rue yonge.
> vive le québec libre.
> vive le québec libre.
> je suis la chérie
> canadienne.
> je suis le franco-ontarien
> cherchant une sortie
> d'urgence dans le
> woolworth démoli
> de ses rêves.
> (Desbiens 1979, pp. 38-39)

Les thèmes exploités le plus souvent sont ceux de l'aliénation et de la minorisation. Jean-Marc Dalpé exprime la condition franco-ontarienne dans son poème « Gens d'ici » :

> Nous qui avons la terre d'icitte dans le ventre
> la langue de l'autre toujours à l'oreille
> et la nôtre sur une corde à linge entre deux bières
> Nous qui avons été la chair à canon dans leurs guerres
> sommes la sueur à piasses dans leurs mines et leurs moulins à bois
> Nous qui sommes
> de rivières, de lacs, de forêts
> Nous qui sommes
> des terres à perte de vue
> des rigodons à perdre haleine

> des rires à perdre la tête
> des amours à perdre le cœur
> Nous sommes les Nigger-Frogs de l'Ontario.
> (Dalpé 1981, p. 92)

Certains romans s'inscrivent également dans ce courant : *Les Chroniques du Nouvel-Ontario* d'Hélène Brodeur[5], sont une vaste saga qui relate la vie de quelques familles d'un village du Nord de l'Ontario, de la colonisation à l'urbanisation ; *Obéissance ou résistance* de Paul-François Sylvestre (1986), est fondé sur les événements entourant l'adoption du Règlement 17, et *Terre natale* (1990), du même auteur, raconte à travers trois personnages emblématiques, la francophone, l'anglophone et l'Amérindien, la colonisation du Sud-Ouest de l'Ontario. Autres exemples : *Roquelune* (1983) de Joseph Rudel-Tessier décrit la vie quotidienne dans le petit village de Rockland dans l'est ontarien durant les années 1920 ; *Baptême* (1982) de Pierre-Paul Karch, dresse un tableau des mœurs campagnardes durant les années 1930, alors que les romans de Doric Germain, *La vengeance de l'orignal* (1980), *Le trappeur du Kabi* (1981) et *Le soleil se lève au Nord* (1991) peignent la nature de la région de Hearst dans le nord de l'Ontario ou, dans le cas de *Défenses légitimes* (2003) une page de l'histoire de cette région. La plupart de ces romans décrivent l'espace franco-ontarien et mettent en scène les conditions de vie des Franco-Ontariens à une époque donnée. Leur thématique est donc essentiellement franco-ontarienne.

Ainsi, tant au Québec qu'en Ontario français, la volonté de fonder une littérature découle d'impératifs sociologiques, politiques et culturels. Face à un Autre majoritaire, imposant et menaçant, la littérature est investie du pouvoir de fonder une nation, de donner vie à une communauté, d'attester d'une identité collective. Ce n'est que lorsque cette base est bien assise que la littérature peut s'émanciper. En effet, si « la littérature du pays » occupe une place importante dans la production littéraire québécoise et franco-ontarienne, celles-ci ne s'y résument pourtant pas. En fait, depuis les années 1980, on note un net recul de cette mobilisation du littéraire à des fins idéologiques et de tout ce qui était dominé par la conscience identitaire collective. Les littératures québécoise et franco-ontarienne récentes ont cessé de se mettre au service d'une « cause nationale ». Si au départ, les écrivains cherchaient autant à créer une littérature qu'à faire de la littérature, il n'y a aucun doute qu'aujourd'hui ils désirent faire de la Littérature. Les écrivains donnent désormais la parole à des voix individuelles qui

---

[5] Il s'agit d'une trilogie qui relate l'histoire d'une famille et d'une région (le Nord de l'Ontario) à travers trois générations. Hélène Brodeur : *La Quête d'Alexandre*, Quinze, Montréal, 1981 ; *Entre l'aube et le jour*, Quinze, Montréal, 1983 ; *Les Routes incertaines*, Prise de parole, Sudbury, 1986.

cherchent à dire une vérité, leur vérité, une réalité, leur réalité, en dehors de toutes contraintes géographique, culturelle ou identitaire. Cet affranchissement de l'idéologique et du politique constitue peut-être une preuve de la maturité à laquelle sont parvenues les littératures québécoises et franco-ontariennes. Dans un monde de plus en plus cosmopolite, la littérature s'émancipe des contraintes idéologiques qui la vouaient à un discours monolithique. Mais sans doute ce discours était-il nécessaire pour que voient jour des champs littéraires spécifiques au Québec et à l'Ontario français.

Lucie Hotte
Université d'Ottawa

Références

Casgrain, Henri-Raymond (1896 [1866]) : Le mouvement littéraire en Canada, in : *Œuvres complètes*, tome 1. Beauchemin, Montréal, pp. 353-375.

Casgrain, Henri-Raymond (1896) : Étude sur *Angéline de Montbrun* de Laure Conan, in : *Œuvres complètes*, tome 1. Beauchemin, Montréal, pp. 411-425.

Dalpé, Jean Marc (1981) : *Gens d'ici*. Prise de parole, Sudbury.

Desbiens, Patrice (1979) : La chérie canadienne, in : *L'espace qui reste*. Prise de parole, Sudbury, pp. 38-39.

Desbiens, Patrice (1985) : Timmins, in : *Dans l'après-midi cardiaque*. Prise de parole, Sudbury, pp. 30-32.

Dorais, Fernand (1984) : *Entre Montréal – et Sudbury : pré-textes pour une francophonie ontarienne*. Prise de parole, Sudbury.

Dorais, Fernand (1990) : *Témoins d'errances en Ontario français : réflexions venues de l'amer*. Le Nordir, Hearst.

Grandpré, Pierre de (1969) : *Histoire de la littérature française du Québec*, tome IV. Beauchemin, Montréal.

La Corvée (1980) : *La parole et la loi*. Prise de parole, Sudbury.

Lemire, Maurice & D. Saint-Jacques (éds) (1996) : *La vie littéraire au Québec*, tome III. PUL, Québec.

Mailhot, Laurent (1997) : *La littérature québécoise : depuis ses origines*. Typo, Montréal.

Marcotte, Gilles (1989) : Institution et courants d'air, in : *Littérature et circonstances*. Hexagone, Montréal, pp. 17-28.

Paré, François (1992) : *Les littératures de l'exiguïté*. Le Nordir, Ottawa.

Roy, Camille (1907) : La nationalisation de la littérature canadienne, in : *Essais sur la littérature canadienne*. Garneau, Québec, pp. 345-376.

Tremblay, Gaston (1996) : *Prendre la parole. Journal de bord du Grand Cano*. Le Nordir, Ottawa.

Yergeau, Robert (1996) : Comment habiter le territoire fictionnel franco-ontarien ? *Liaison*, 85, janvier, pp. 30-32.

Les *Cahiers vaudois* :
Une redéfinition de l'identité littéraire suisse romande

par
Carine CORAJOUD

Les *Cahiers vaudois*, revue fondée en 1914 à Lausanne et au sein de laquelle un nombre important d'auteurs romands ont débuté, apparaissent rétrospectivement comme le moment fondateur de la modernité littéraire de la Suisse francophone. Pour la première fois, en effet, un organe d'expression artistique créé par un groupe de jeunes artistes et d'intellectuels défendait une esthétique avant-gardiste en se fondant sur une critique de la littérature consacrée de l'époque. La revue a ainsi été mise en place dans l'idée de constituer un espace autonome, qui proposerait un contre-modèle aux journaux et aux revues dominants, et qui serait composé aussi bien de recueils d'articles que de publication d'œuvres littéraires éditées dans leur totalité. Ainsi, les membres des *Cahiers vaudois* se sont avant tout rassemblés autour de revendications esthétiques communes, et cela au-delà de la division des disciplines artistiques. Le cénacle réunissait aussi bien des écrivains (Charles Ferdinand Ramuz, Charles-Albert Cingria, Edmond Gilliard, les dramaturges Fernand Chavannes et René Morax), des peintres (René Auberjonois, Henry Bischoff, Alexandre Cingria), des historiens de l'art comme Paul Budry (fondateur de le revue avec Gilliard) ou des musiciens (Ernest Ansermet), pour ne citer que les plus éminents.

L'enjeu qui se dessine dans les prises de position des *Cahiers vaudois*, et qui révèle le contexte culturel et littéraire de l'époque, vient du fait que la problématique des avant-gardes et de l'autonomie de l'art a été envisagée dans un questionnement plus global sur l'autonomie identitaire de la Suisse romande. La revendication d'un art qui ne soit plus affilié à des contenus extra-littéraires, religieux ou politiques par exemple, s'est accompagnée d'une réflexion sur la dépendance des artistes francophones à l'égard des normes culturelles imposées de l'extérieur, notamment de la France et en particulier de Paris. Pour que les démarches artistiques atteignent la liberté et la singularité souhaitées, il fallait passer par une revalorisation de la culture autochtone et remettre en cause la dépendance culturelle dans laquelle se trouvait alors la région. Double exigence d'autonomie, donc, à la fois esthétique et culturelle, pensée de façon solidaire, comme nous le verrons, dans les textes fondateurs de la revue.

Pour comprendre les revendications des *Cahiers vaudois*, il s'agit donc tout d'abord de contextualiser leur réflexion dans le champ littéraire et idéologique de l'époque ; c'est ce que je ferai brièvement dans une première partie. Par la suite, je présenterai dans ses grandes lignes le manifeste de la revue rédigé par Ramuz, qui pose les deux axes dessinés ci-dessus, affirmation identitaire et recherche d'une singularité expressive. Puis, je compléterai cette réflexion par l'étude d'un article d'Edmond Gilliard qui questionne de façon plus précise le rapport de la Suisse romande à la langue et à la culture françaises. Cette thématique me mènera finalement à présenter la position adoptée par le groupe des *Cahiers vaudois* face au premier conflit mondial, les dates de la revue ayant quasiment recoupé celles de la guerre (1914-1920).

Le contexte littéraire

Le champ littéraire suisse romand présentait au début du XXe siècle trois caractéristiques principales. Il était tout d'abord dominé par une littérature à caractère moral et religieux, de tradition protestante, confession des élites cultivées de la région. Centrée sur la mise en scène des bonnes mœurs et sur la description de la vie des « honnêtes gens », cette littérature remplissait une fonction sociale d'édification. Selon les animateurs des *Cahiers*, elle cherchait autant à conforter la classe bourgeoise dans une idéologie qui la servait qu'à montrer l'exemple aux classes populaires, en imposant une domination culturelle. Ainsi, pour Gilliard, une telle littérature qui se voulait *populaire* ne l'était pas, dans le sens où elle n'émanait pas du peuple ; elle cherchait au contraire la *popularité* afin d'imposer ses normes et ses valeurs aux classes laborieuses[1]. Il se dessine ici le conflit entre une littérature de grande production, que nous appellerions à l'heure actuelle « commerciale », et une littérature de production restreinte, qui se définit par la rupture avec les présupposés idéologiques et

---

[1] « Il ne faut pas confondre ce qui est du peuple avec ce qu'on juge utile pour le peuple ; ce que le peuple produit avec ce qu'on juge profitable qu'il absorbe. On appelle littérature populaire, chez nous, le plus souvent, la littérature même qui est la plus hostile au libre instinct populaire – la littérature d'éducation et d'édification populaire » (Gilliard 1914a, pp. 15-16).

esthétiques dominants. C'est à cette dernière qu'appartenaient les *Cahiers vaudois*. Leur revendication allait donc de pair avec l'exigence d'autonomie de l'art, qui devait alors, selon eux, se libérer des nécessités morales, du souci du *Bien*, pour se concentrer sur la question du *Beau*. Comme le dit en effet Gilliard dans une critique littéraire antérieure à la création des *Cahiers*, dans laquelle il dénonce le moralisme, mais aussi le patriotisme inhérents aux œuvres majeures des lettres romandes de l'époque :

> [...] comme d'autres ont voulu faire servir l'art à l'évangélisation et à l'édification [...], on cherche maintenant à le faire servir à la *patriotisation* [...] de la jeunesse des villes et des campagnes. C'est une forme de l'art-réclame. C'est l'art pour autre chose. L'art tout seul, nous nous en désintéressons. (Gilliard 1965 [1912], p. 1481)

Le deuxième point, qui affleure déjà dans cette citation de Gilliard, concerne plus directement la question identitaire suisse romande. Le début du XXe siècle voit resurgir en Suisse une tendance littéraire héritée du XVIIIe siècle, l'*helvétisme*, fondée sur la constitution d'un imaginaire mythique, édifié à des fins politiques pour consolider l'unité d'un pays fondamentalement hétérogène. Ce courant a notamment donné lieu à la constitution en 1905 du mouvement de l'*Heimatschutz* (la « protection du pays »), qui avait pour mission de défendre le patrimoine naturel et culturel du pays dans un contexte d'industrialisation massive allant de pair avec d'importantes vagues d'immigration. C'est à l'orée de la guerre qu'a également été fondée la Nouvelle société helvétique, à l'instigation de Gonzald de Reynold, qui avait pour mission de répondre à la menace des pays extérieurs en renforçant le sentiment d'unité nationale de la Suisse.

La littérature de tendance helvétiste a donc élaboré un univers mythique fondé sur ce qui apparaissait comme l'élément unificateur du pays, le monde alpin. Cela passait par exemple par l'image de la nature intouchée, de la montagne idyllique, par des descriptions de scènes villageoises, un univers purement pittoresque et folkorique, donc artificiel, selon les animateurs des *Cahiers vaudois*. Ceux-ci insisteront au contraire, nous le verrons, sur l'importance d'un rapport singulier que l'artiste devait entretenir avec son pays, passant par l'affirmation d'une culture régionale, de proximité, définie avant tout en Suisse par la délimitation cantonale.

Enfin, la troisième caractéristique de la littérature de l'époque concerne non plus les contenus moraux ou politiques, mais se concentre sur le problème de l'expression. Si la littérature romande a cherché tout au long du XIXe siècle à se positionner comme un champ autonome vis-à-vis de Paris[2], elle a paradoxalement cultivé un complexe d'infériorité linguistique

---

[2] Je renvoie pour cela à la thèse de Daniel Maggetti (1995) : *L'Invention de la littérature romande. 1830-1910*. Payot, Lausanne.

à l'égard de la France débouchant sur une autocorrection systématique des écrivains, relayée par l'œil sévère des critiques littéraires influents en Romandie. Ce phénomène, qui pose le problème de la domination de Paris sur les régions francophones, n'était plus tolérable pour les défenseurs d'un art autonome, soucieux de mettre en avant la nécessité d'une expressivité innovante.

Contrecarrer les tendances de la littérature en place a ainsi consisté, pour les animateurs des *Cahiers vaudois,* à procéder à une sorte de « retour aux sources », à un retour à leur terre et à leur culture d'origine. Cette revendication n'est pas à voir comme une défense de type régionaliste et encore moins patriotique, mais, au vu du contexte, comme la volonté d'une libération de leurs propres moyens d'expression, qui allait de pair avec une valorisation de leur inscription identitaire. Comme l'a dit en effet Gilliard en mettant en évidence l'intériorisation de la domination culturelle qui sévissait alors en Suisse romande :

> Nous sommes les seuls, aujourd'hui, à vouloir être activement, et non passivement Vaudois : nous sommes les seuls à nous créer, et non à nous subir Vaudois, les seuls à vouloir tirer de notre naissance une force et non une excuse. (Gilliard 1914b, p. 18)

Il dira aussi plus tard dans une série d'entretiens radiophoniques : « Nous sommes revenus à notre sol par prise de terre directe : le Pays de Vaud » (Gilliard 1965 [1958], p. 806).

Programme commun : *Raison d'être*

Je propose maintenant d'analyser le programme que les artistes des *Cahiers vaudois* ont développé, cela par la lecture d'un texte de C. F. Ramuz appelé *Raison d'être*, qui a inauguré la revue et en a été le manifeste. Ramuz y décrit son propre cheminement d'écrivain engagé dans la recherche d'une poétique propre. Il y explique le parcours qui l'a mené à revenir dans son pays d'origine après avoir passé dix ans à Paris, où il a fait l'expérience du dépaysement culturel. Cette expérience lui a démontré que s'il voulait être au plus proche de ses potentialités expressives, il lui fallait revenir à ce qui constitue le socle de son identité, c'est-à-dire à l'inscription dans son pays. Une expérience nouvelle en est requise, qui ne passerait plus par la médiation d'un « vernis culturel », c'est-à-dire l'imagerie puisée dans le folklore helvétique. Pour cela, l'auteur envisage une autre relation à son pays, une relation *immédiate* passant par l'ouverture au monde extérieur concret, par une appréhension *sensible* des choses. Ramuz base son argumentaire sur la critique de la culture intellectualisée, livresque, transmise par l'école selon les canons académiques français, culture exogène à celle que le jeune Vaudois apprend de façon empirique.

C'est en effet une culture considérée comme « étrangère », importée et imposée, qu'on lui apprend à l'école :

> Je voulais dire seulement que, nous autres, nés de ce pays, nous ne l'avons pas connu, alors que nous ne pouvions le faire, parce qu'on nous en défendait l'accès [par l'école] ; et qu'ensuite nous ne l'avons pas connu davantage, parce qu'il n'était pas dans les livres. Ensuite nous ne l'avons pas connu davantage, parce qu'il ne figurait pas dans nos programmes d'examens, et il ne rentrait pas dans le cadre de nos études, et il n'allait servir à rien pour notre « carrière » ; l'homme avait cessé de voir et de sentir, parce qu'il avait cessé de calculer. (Ramuz 1991 [1914], p. 23)[3]

Envisager une relation sensible avec son pays, une relation d'intimité ou d'« authenticité », selon l'expression de l'auteur, implique ainsi, dans un premier temps, pour l'artiste, de se dépouiller de son bagage culturel pour pouvoir s'abandonner à l'environnement immédiat. Il y a chez Ramuz une phénoménologie du milieu, notamment naturel, qui influe sur la perception que l'on a du monde et de soi-même :

> Il y avait eu ce progrès qu'on s'était vu dépendant, enchaîné d'en bas comme l'arbre, issu non du hasard d'une naissance, mais d'un sol, déterminé ainsi dans tous ses actes, dans tous ses gestes, et on allait tâcher de retrouver ces choses d'en dessous. (*ibid.*, p. 34)

Au rejet d'une culture imposée de l'extérieur correspond l'acceptation d'une dépendance à l'égard du milieu d'origine, que l'auteur juge comme un progrès. Mais, la réflexion de Ramuz ne s'arrête pas à une vision déterministe du monde extérieur, dont l'artiste ne serait que le simple réceptacle. La finalité même de ce retour aux sources est au contraire de chercher le sillon qui lui permettra d'élaborer sa propre expressivité. Ramuz insiste donc sur la nécessité d'une *transposition* artistique pour chanter le pays et sur l'affirmation des qualités formelles de l'art. À la dissociation du contenu et de la forme, qui prévalait alors dans la production littéraire, l'auteur oppose la nécessité d'accorder ces deux entités, de trouver la voix particulière qui puisse relater l'expérience sensible du pays :

> L'interrogation seule subsiste, de moi à ce qui est autour de moi, quand, le définissant de l'œil, je songe que son existence encore extérieure n'opérera vraiment qu'une fois transposée, – transposée de telle façon qu'elle se contienne elle-même et qu'elle me contienne à la fois. (*ibid.*, p. 55)

Il s'agira alors d'arriver à en capter ce qu'il appelle l'*accent*, non pas un accent purement linguistique, mais qui englobe toutes les caractéristiques culturelles des habitants du lieu. Celles-ci se traduisent par exemple par

---

[3] Nous nous référons à une version du texte complétée par Ramuz pour une réédition.

leurs gestes, par la dynamique de leurs mouvements, ou le rythme de leur parlé qui s'incarnent dans leur langage. Au niveau stylistique, cette recherche esthétique conduira au développement de ce que Ramuz appellera plus tard la *langue-geste*, qui possède une fonction référentielle, par opposition à la *langue-signe* qui relève, selon Ramuz, d'une conception purement codifiée et abstraite de la langue, où le signifiant est coupé du signifié[4]. Ce sera par exemple en étirant les phrases pour trouver une lenteur dans le rythme qui rappelle la marche courbée des paysans rentrant du travail et qui rompt avec l'exigence d'un style importé de Paris, concis, enlevé, aux tournures nécessairement bien senties :

> A quoi peuvent bien me servir ces « qualités » données pour telles dans les manuels étrangèrement à l'objet, comme une certaine élégance […], la légèreté, la rapidité, si telle ligne de colline, devant moi, met tant de lenteur à atteindre son faîte, si telle masse à pans abrupts n'a de beauté que par sa lourdeur, si, à cette élégance vantée, s'oppose l'aspect peiné d'un geste, le plissement d'un front où l'expression ne sourd que peu à peu ? Que m'importe l'aisance, si j'ai à rendre la maladresse, que m'importe un certain ordre, si je veux donner l'impression du désordre, que faire du trop aéré quand je suis en présence du compact et de l'encombré ? Il faut que, notre rhétorique, nous nous la soyons faite sur place et jusqu'à notre grammaire, jusqu'à notre syntaxe. (Ramuz 1991 [1914], p. 58)

Ramuz cherche donc à s'affranchir d'un style qui ne répond pas aux traits caractéristiques de la culture vaudoise, de tradition avant tout rurale. Cependant, s'il s'agit pour l'auteur de développer un art qui puisse capter les caractéristiques du monde paysan, il ne faut pas voir chez lui l'affiliation à une littérature régionaliste, centrée sur une description réaliste de la ruralité. Dans cette peinture d'un monde resté aux prises avec l'élémentaire, il faut plutôt voir la volonté d'atteindre ce qui est au fondement de l'humanité. La démarche d'un retour aux sources tend donc, en partant du local, à s'élever vers une dimension universelle.

Gilliard : hétérogénéité culturelle de la Suisse

Dans son article intitulé « De l'usage du mot national et de son utilisation dans la littérature en particulier » paru dans le deuxième *Cahier vaudois*, Gilliard aborde cette même problématique mais sous un angle différent et complémentaire. Alors que chez Ramuz le « retour au sol » passe tout

---

[4] Ramuz développe ces notions dans la *Lettre à Bernard Grasset*. Dans les deux lettres adressées à ses éditeurs suisses et français, Henry-Louis Mermod et Bernard Grasset, il explique en effet les fondements de sa poétique. Ecrites à la fin des années vingt, elles ont été publiées pour la première fois par Mermod lui-même en 1928-29.

d'abord par un « retour aux choses », Gilliard pense cette problématique directement à travers la question du *langage*. Plus précisément, c'est par la langue maternelle que, selon lui, nous faisons l'expérience première du « sol », expérience naturellement transmise de génération en génération. La langue vernaculaire est notre première rencontre avec le monde. En cela, l'auteur renie toute hiérarchisation des aires géographiques francophones et revendique le droit pour les Suisses romands de se sentir appartenir pleinement à l'aire culturelle française, au-delà des spécificités langagières. Par cette démarche, il cherche avant tout à décomplexer ses compatriotes de leurs soi-disants déficits linguistiques en plaidant pour une réappropriation de ce qui est au fondement de leur identité, c'est-à-dire leur langue. Répondant aux propos d'un critique littéraire de l'époque, Maurice Millioud, particulièrement soumis aux exigences du style parisien et qui a affirmé dans un article que, selon lui, la langue française n'appartenait pas aux Romands, mais que c'était les Romands qui lui appartenaient[5], Gilliard s'écrie :

> Je proteste ! Je proteste ! Le voilà bien, le « crime » scolaire et universitaire, le crime contre notre langue. Le français accepté comme langue étrangère. […] Je prétends au français par droit de pays. Et je n'entends pas sacrifier mon pays à ma patrie. (Gilliard 1914a, p. 19)

Gilliard pose ici le problème de la définition de l'identité culturelle dans un pays multilingue. Contrairement aux grandes nations européennes où l'unité linguistique correspond au découpage politique, il met en évidence qu'en Suisse la question ne peut pas se poser dans ces termes. Il importe selon lui d'opposer appartenance *politique* à un pays – et donc définition *institutionnelle* de l'identité qui affilie le Romand à la patrie suisse – et appartenance *culturelle*, définie par l'aire linguistique dans laquelle nous vivons. C'est l'helvétisme qui est visé ici, courant qui, comme nous l'avons vu, cherchait à créer une identité culturelle unifiée de la Suisse, ce qui relève pour Gilliard d'une aporie. Dans l'article qui nous intéresse, ce dernier démontre combien l'usage du mot « national » pour parler de la littérature produite en Suisse est impossible puisque ce pays n'est pas une nation constituée autour de l'usage d'une langue commune :

> Il faut que nous nous résignions ; nous ne sommes pas une nation comme les autres ; il y a certaines choses que, nationalement, nous n'aurons jamais. Nous sommes « institués » en nation, nous ne sommes pas « naturés » comme tels ; nous avons une organisation, nous ne sommes pas un organisme. (*ibid.*, p. 15)

---

[5] Dans son article, Edmond Gilliard cite ces propos de M. Millioud : « La langue française n'est pas à nous ; c'est nous qui sommes à elle et qui sommes obligés *de façonner sur ses exigences notre pensée, nos sentiments, notre vision* […] ».

et plus loin :

> Être français, italien ou allemand, c'est être soi ; être suisse, c'est être citoyen. Et être citoyen suisse cela n'empêche pas de rester soi en sa race, qui n'est pas suisse ; il n'y a pas de race suisse. Je ne suis suisse que par une certaine façon d'être français comme le Zurichois n'est suisse que par une certaine façon d'être allemand, et le Tessinois par une certaine façon d'être italien. Nous mettons en commun ce qui peut être neutralisé ; nous gardons pour nous ce qui ne peut pas l'être : il n'y a pas de langues neutres. (*ibid.*, pp. 16-17)

Nous voyons ici que l'identité culturelle se pense avant tout pour Gilliard – mais aussi pour tous les animateurs des *Cahiers vaudois* – à travers l'appartenance à un canton, c'est-à-dire une région de la Suisse, seul espace où une unité culturelle se serait formée au cours de l'histoire. Le titre *Cahiers vaudois* se comprend alors pleinement : sans même se référer à l'aire francophone de la Suisse, c'est-à-dire la Romandie, il marque l'affiliation du groupe au pays de Vaud, même si des auteurs genevois figuraient dans la rédaction. Mais la définition du « sol », de l'ancrage dans une terre, devait faire appel à un imaginaire rural encore dominant dans le Canton de Vaud, alors que Genève a toujours été une canton majoritairement citadin. L'opposition entre la culture paysanne et la culture urbaine se dessine donc ici.

Gilliard était le plus francophile des artistes constituant le noyau des *Cahiers vaudois*, et ses propos sont parfois ambivalents à l'égard de la culture française. Certes, Gilliard revendique un plein droit du Suisse romand vis-à-vis de la langue française et cherche, comme nous l'avons vu, à libérer ses compatriotes d'une inhibition linguistique. Cependant, les propos de l'auteur révèlent de façon implicite son profond attachement à la France et notamment à sa tradition littéraire, à sa culture classique (Gilliard était enseignant de langues classiques et de littérature au niveau secondaire). Cela l'empêche de thématiser la domination culturelle que Paris exerce sur la périphérie, ce que Ramuz fait plus volontiers. Cette sensibilité s'explique, entre autres, chez Gilliard, par le rejet de la culture germanique qu'il juge trop influente en Suisse. Mais, cette remarque est aussi à replacer dans le contexte historique au sein duquel les *Cahiers vaudois* ont été façonnés, c'est-à-dire celui de la Première Guerre mondiale. C'est ce que je vais maintenant brièvement évoquer.

Échos de la guerre

Préoccupés avant tout par l'affirmation d'une identité esthétique propre, les fondateurs des *Cahiers vaudois* n'ont pas, dans les premiers numéros, évoqué l'instabilité politique qui sévissait en Europe. Cependant, la réalité historique les a rattrapés et après quelques numéros ils ont ressenti l'urgence de relater les échos des événements extérieurs. Affirmant leur attachement à la France, les *Cahiers* ont pris sans équivoque le parti de ce pays. Gilliard n'était donc pas le seul. La revue s'affiliait par là à une fraction de l'opinion suisse romande, l'autre prônant plutôt le pacifisme. Cette prise de position n'était pas anodine en Suisse, où les instances politiques fédérales s'attachaient de façon générale à défendre la neutralité du pays. De même le clivage alémaniques/francophones a été renforcé au sein de la population au début de la guerre, chaque camp prenant parti pour la culture dans laquelle il se reconnaissait.

Dans la revue, le soutien au peuple français s'est surtout concentré sur des aspects culturels. Choqué par la « barbarie » des Allemands qui s'en sont pris à l'héritage culturel français, notamment après la destruction de la cathédrale de Reims, le groupe des *Cahiers* a mis en avant l'opposition entre deux traditions européennes : de façon un peu caricaturale, il y avait la France d'un côté, portée par l'amour de l'art et de la raison, et l'Allemagne de l'autre, perçue comme une nation qui ne craignait pas le barbarisme destructeur, étrangère au fond à toute forme d'art. Les *Cahiers vaudois* ont consacré deux numéros aux bombardements des villes de Louvain et de Reims en automne 1914. Ces cahiers font état du choc affectif que les destructions ont causé aux populations. Le premier numéro est composé pour une large part de contributions d'artistes européens comme Romain Rolland, alors établi en Suisse, d'André Suarès, et des lettres de protestation de Claudel, Copeau, Stravinsky, Rodin, qui s'indignent de façon quasi exclusive de l'atteinte aux valeurs spirituelles et universalistes de la France :

> Une œuvre comme Reims est beaucoup plus qu'une vie : elle est un peuple, elle est ses siècles qui frémissent comme une symphonie dans cet orgue de pierre ; elle est ses souvenirs de joie, de gloire et de douleur, ses méditations, ses ironies, ses rêves […] Elle est bien plus encore : sa beauté qui domine les luttes des nations, est l'harmonieuse réponse faite par le genre humain à l'énigme du monde, – cette lumière de l'esprit, plus nécessaire aux âmes que celle du soleil. (Rolland 1914, p. 14)

Toutefois, le second numéro a une connotation plus politique, puisqu'il est une collecte d'articles de presse, de déclarations politiques et de rapports officiels faisant état des bombardements, documents qui apportaient les preuves nécessaires aux réactions émotionnelles initiales. Il est d'ailleurs intéressant de noter que des prises de position d'hommes politiques suisses, lesquels avaient adopté un point de vue moins neutre après les bombardements en dénonçant l'impérialisme allemand, sont relatées dans la revue.

Conclusion

Je terminerai mon exposé en y apportant deux nuances. J'ai en effet privilégié une lecture homogène des contributions et des prises de position défendues au sein des *Cahiers vaudois*. S'il est indéniable que l'affirmation d'une autonomie littéraire et culturelle y a été le leitmotiv principal, il ne faut pas perdre de vue qu'une revue est par définition hétérogène. La sympathie pour un écrivain ne s'affiliant pas exactement à la perspective du cénacle, les nécessités économiques ou le besoin de réunir suffisamment de matière sont tous des éléments explicatifs d'un flottement qui peut se dessiner dans la ligne défendue. Dans les *Cahiers*, certaines contributions n'ont, par exemple, pas proposé un point de vue aussi tranché que celui de Gilliard et de Ramuz dans la définition qu'ils ont donnée de l'identité cantonale. Certains auteurs ont valorisé l'idée d'une unité de la Suisse. Je pense par exemple à l'œuvre du dramaturge René Morax, *Tell*, qui reprend le mythe de Guillaume Tell. D'autres articles insistaient sur le clivage entre les cantons de Genève et de Vaud, avec une défense quasi patriotique de la culture citadine genevoise ; clivage qui se retrouve d'ailleurs des deux côtés de la frontière cantonale !

L'autre point implique la portée qu'a eue la publication de la revue au sein du champ littéraire romand de l'époque. Si l'histoire littéraire en a fait le moment fondateur de la modernité artistique en Suisse romande, il faut garder à l'esprit que les *Cahiers vaudois* ont été l'œuvre d'un groupe de jeunes personnes qui n'avaient pas acquis la légitimité obtenue par la suite. C'est en effet rétrospectivement, grâce au développement de leurs carrières, que l'on a mis en évidence l'importance de cette publication et cela notamment par la réputation internationale qu'a gagnée Ramuz après avoir été publié chez Grasset à Paris au milieu des années 20. La rupture esthétique défendue dans les *Cahiers* n'a donc pas impliqué sur le moment la disparition quasi magique des productions remises en cause. C'est au fil du temps et des productions que le champ littéraire a pu s'étoffer d'œuvres nouvelles allant dans le sens d'une éclosion formelle, d'un épanouissement de l'expressivité artistique et de l'affirmation d'une identité singulière.

Carine Corajoud
Université de Lausanne

Références

Gilliard, Edmond (1914a) : De l'usage du mot national et de son utilisation dans la littérature en particulier. *Cahier vaudois* n° 2, pp. 5-19.

Gilliard, Edmond (1914b) : Le Pays de Juste Olivier. *Cahier vaudois* n°4, pp. 11-34.

Gilliard, Edmond (1965 [1912]) : Chronique d'octobre 1912 de la Bibliothèque universelle, reprise dans *Œuvres complètes*. Trois collines, Lausanne.

Gilliard, Edmond (1965 [1958]) : Entretiens avec Georges Anex, *Œuvres complètes*. Trois collines, Lausanne.

Maggetti, Daniel (1995) : *L'Invention de la littérature romande. 1830-1910*. Payot, Lausanne.

Ramuz, Charles Ferdinand (1991 [1914]) : *Raison d'Être*. Éditions de la différence, Paris.

Rolland, Romain (1914) : Pro aris. *Cahier vaudois* n°10, pp. 13-24.

Le postcolonialisme en France :
vers un renouveau des études francophones ?

par
Jean-Marc MOURA

Parler des études postcoloniales en France peut paraître doublement décourageant : le postcolonialisme semble en recul aux États-Unis et il est fort peu implanté en France, à la différence des autres pays européens. Les uns semblent avoir épuisé les charmes de ce complexe théorique tandis que l'autre les ignore. À quoi bon insister donc ?

Je voudrais montrer que précisément les études postcoloniales pourraient renouveler l'approche française des lettres francophones et par là se renouveler elles-mêmes. À quelles conditions les études postcoloniales pourraient-elles donc entrer dans les préoccupations de l'université française et en quel sens pourraient-elles modifier les études francophones ? Il s'agit donc de parler de ce que Pierre Bourdieu nommait la « dé-nationalisation » des textes. Si elles perdent en quittant leur contexte d'origine une partie de leur force politique qui y motiva leur irruption, les *théories voyageuses* (Said 1983) peuvent aussi gagner à l'arrivée une puissance nouvelle, grâce à des décalages féconds entre champs d'origine et d'accueil. Juste retour des choses, après tout, comme il y a eu une « French theory » aux États-Unis (Cusset 2003), il pourrait y avoir en France une « American theory » modifiant les orientations épistémologiques.

Deux problèmes majeurs se posent pour une introduction des études postcoloniales en France : l'un est lié à la perception française des études postcoloniales ; le second à l'institutionnalisation des études francophones.

On peut d'abord noter un soupçon français assez général pour la *theory* américaine, bien illustré par l'ouvrage d'Antoine Compagnon, *Le Démon de la théorie* (1998). Celui-ci est lié au monde des « post- ». « Postcolonial » serait le nouveau terme venant répondre à l'automatisme culturel contemporain de la nouveauté sur lequel a ironisé Peter Sloterdijk. Si le domaine de la culture est désormais organisé comme un marché des différences,

> [l]e geste qui correspond à cet affairement roulant est celui de la nécrologie. Il est la manifestation dominante d'une culture qui vit entièrement du jeu de la désactualisation actuelle. Pour cette raison le « post » de la postmodernité [ou du postcolonialisme] signifie en premier lieu ce « post » de l'éloge posthume. Aucune autre forme de discours n'est aussi adéquate au principe de la culture de l'escalier roulant que l'éloge posthume et la nécrologie qui, au plein milieu d'un mouvement permanent et d'une obscurité chronique, rappellent le dernier fait certain : le passé n'est pas le présent. (Sloterdijk 2000, pp. 271-272)

Un « post » n'est pas toujours un « néo », comme l'a observé Henri Meschonnic (1995, p. 545). De fait, il faut reconnaître le flou du terme « postcolonial »[1], d'ailleurs relevé dès 1994 par Stephen Slemon :

> It has been used as a way of ordering a critique of totalizing forms of Western historicism ; as a portmanteau term for a retooled notion of 'class', as a subset of both postmodernism and post-structuralism (and conversely, as the condition from which those two structures of cultural logic and cultural critique themselves are seen to emerge) ; as the name for a condition of nativist longing in post-independence national groupings ; as a cultural marker of non-residency for a Third World intellectual cadre ; as the inevitable underside of a fractured and ambivalent discourse of colonialist power ; as an oppositional form of 'reading practice' ; and – and this was my first encounter with the term – as the name for a category of 'literary' activity which sprang from a new and welcome political energy going on within what used to be called 'Commonwealth' literary studies. (Slemon 1994, pp. 16-17)[2]

C'est que la démarche postcoloniale, y compris pour les études anglo-saxonnes, loin de correspondre à un système clos, est en formation et son

---

[1] Et le fait que les concepts qui lui sont associés sont parfois peu convaincants, cf. Ashcroft, Bill, Gareth Griffiths & Helen Tiffin (éds) (1998) : *Key Concepts in Post-colonial Studies*, Routledge, London. Des entrées telles « Fanonism » ou « Universalism » débouchent sur des concepts creux.

[2] « On l'a utilisé comme un moyen d'ordonner une critique des formes totalisantes de l'historicisme occidental ; comme un mot-valise servant une conception rénovée de la « classe », comme un sous-ensemble à la fois du postmodernisme et du poststructuralisme (et, de manière inverse, comme la condition de possibilité de ces deux structures de logique et de critique culturelles), comme un nom pour la condition de conservatisme autochtone dans les groupements nationaux d'après les indépendances ; comme un marqueur culturel de non-résidence pour les cadres intellectuels du tiers monde ; comme l'inévitable soubassement d'un discours du pouvoir colonialiste fracturé et ambivalent, comme une forme oppositionnelle de « pratique de lecture » ; et – ce fut ma première rencontre avec le mot – comme le nom d'une catégorie d'activité « littéraire » née d'un nouveau et bienvenu dynamisme politique dans ce qu'on appelait naguère *Commonwealth literary studies*. » (C'est moi qui traduis).

importation dans le domaine francophone détermine une série d'inflexions critiques dont il importe de prendre la mesure. Comprise comme l'étude d'une situation d'écriture et pas uniquement d'une position sur l'axe du temps, la critique postcoloniale fournit une topique des études francophones : un type de discours et de questions dominants, mettant en avant un certain nombre d'idées admises, caractérisant les débats du moment historique considéré.

Il y a cependant un problème d'applicabilité des critiques postcoloniales anglophones aux lettres francophones, comme l'a relevé A. James Arnold, à propos des Caraïbes (Arnold 2003, pp. 7 ss).

Les théories postcoloniales rendent en effet compte de la colonisation britannique de l'Inde, de l'Afrique ou du Proche-Orient. Or, les Français ont pratiqué une politique d'assimilation culturelle des élites coloniales très différente des Britanniques. Par ailleurs, les « anciennes colonies » des Antilles françaises ou du Canada étaient des colonies d'implantation très différentes du modèle indien britannique ou des colonies françaises en Afrique. L'exemple de la plantation des Antilles, microcosme assez autonome dès le XVIIIe siècle, montre qu'il vaut mieux développer des modèles régionaux que des modèles globaux pour comprendre le fonctionnement de la littérature dans les contextes coloniaux et postcoloniaux. Il y a au moins un travail d'éclaircissement conceptuel à faire. Pour toutes ces raisons, la perception française des études postcoloniales est brouillée et si l'on peut observer un pont entre elles et la France, c'est le travail des chercheurs américains et la récente *Society For Postcolonial Studies*, en Grande-Bretagne.

Les études francophones ont en outre une position singulière en France. Si l'on examine le statut institutionnel des études francophones en France et aux États-Unis, on constate qu'il s'agit d'une discipline dominée dans le premier cas (elle importe les méthodes des études de la littérature nationale sans se poser – ou en se posant trop brièvement – la question de la spécificité des lettres francophones ; peu de chaires lui sont réservées), et d'une discipline en passe de devenir dominante dans le second (dans nombre de départements universitaires, elle remplace peu à peu les études françaises au lieu d'en être le complément).[3]

Il me paraît donc nécessaire de « postcolonialiser » les études francophones, d'abord en revenant sur ce que les théories postcoloniales ont emprunté aux penseurs français – de Foucault à Deleuze ou Lacan – afin de marquer leur proximité, et ensuite en comprenant ces études postcoloniales comme une topique déterminant trois éléments : une perspective

---

[3] Les études francophones se développent dans les départements de français tandis que la critique postcoloniale se développe dans ceux d'anglais et de littérature comparée (Britton & Syrotinski 2001, p. 1-11).

pragmatique, une orientation politique et une étude renouvelée du discours littéraire.

Une perspective pragmatique
L'importance du fait colonial pour la conscience moderne est indéniable, comme le souligne Bouda Étemad :

> Le fait colonial est, avec la révolution néolithique et la révolution industrielle, l'une des ruptures majeures de l'histoire de l'humanité. À l'instar de ces deux révolutions, la colonisation est un fait massif. De la prise en 1415 de Ceuta – ville nord-africaine située en face de Gibraltar – par les Portugais engagés dans une croisade contre l'Islam, à la mainmise par l'Italie fasciste sur l'Éthiopie à la fin des années 1930, c'est-à-dire de la première à la dernière manifestation de l'expansion coloniale européenne, les empires (métropoles et colonies) s'étendent sur environ 70% des 136 millions de km² des terres émergées de la planète… (Etemad 2000, p. 13)

Aujourd'hui, plus de 80% des populations des pays développés (Europe sans l'ex-URSS, Amérique du Nord, Japon, Afrique du Sud, Australie, Nouvelle-Zélande) ont un passé colonial, soit comme ex-colonisateurs, soit en tant qu'ex-colonisés. Quant au tiers-monde, les deux tiers de ses quatre milliards d'habitants trouveraient dans leur manuel d'histoire un chapitre au moins consacré à la colonisation.

Faut-il aussi rappeler qu' « environ 70% de la population mondiale a un passé colonial […] soit en tant qu'ex-colonisateurs, soit comme ex-colonisés » (*ibid*., pp. 13-14), ou bien souligner, comme Hélé Béji, que la décolonisation est « une expérience fondamentale de la conscience moderne »(Béji 1997, p. 18) ? Il est inutile d'insister car on voit bien que la question n'est plus celle de la légitimité des études postcoloniales, mais plutôt celle de l'étonnante légèreté d'approches de l'histoire de la littérature qui prétendent ne pas tenir compte de ces faits. La critique postcoloniale vise à intégrer le fait colonial, massif et irréfutable, à nos études, pour constituer un savoir neuf permettant notamment de construire un objet « littérature francophone » que nous pourrons analyser. Il s'agit de rien de moins que d'évaluer de manière raisonnée l'héritage culturel et politique du colonialisme dans le monde contemporain. À partir de là, les options des chercheurs du domaine se différencient de telle sorte qu'on ne peut assigner au postcolonialisme l'unité du concept[4] pas plus qu'on ne saurait le

---

[4] Comme le fait Lilyan Kesteloot qui conclut assez évidemment que « ce concept de littérature postcoloniale ne peut suffire à rendre compte de l'histoire précise, ni de l'imaginaire culturel infiniment varié des littératures spécifiques de l'Inde, du Cambodge, du Maghreb ou du Brésil » (Kesteloot 2001, p. 326). La critique postcoloniale, justement soucieuse de la diversité historique, n'a jamais prétendu à une telle confusion.

réduire à une stratégie idéologique à l'usage de la bourgeoisie de l'après-Guerre froide. Chaque groupe de chercheurs doit proposer et définir son angle d'approche au sein de ce que Jacqueline Bardolph appelle justement « un chantier » (Bardolph 2001, p. 59).

Parler de littératures francophones postcoloniales (Moura 1999) suppose d'abord que l'on esquive les problèmes les plus manifestes que pose ce complexe théorique. Il convient de refuser l'opposition trop simple entre culture traditionnelle et culture populaire ou la substitution pure et simple de nouveaux objets d'études francophones aux études françaises (ce qui est actuellement trop souvent le cas sur les campus américains) selon une culture du « politiquement correct » valorisant *a priori* toute expression des « minorités » ou répondant à une vision sentimentale du métissage. L'ambition enfin d'ériger ce complexe théorique en critique générale du capitalisme contemporain paraît excessive à l'heure actuelle.

Les études postcoloniales partent d'une donnée situationnelle aux conséquences innombrables : une partie des lettres francophones relèvent d'une dynamique historique coloniale dont les effets présents (des frontières des États africains jusqu'au partage actuel des richesses mondiales[5] en passant par les éléments du prestige littéraire et l'organisation du marché de la littérature) sont tout sauf anodins. L'attention à cette situation, à la fois massive et diffuse mais qui concerne les dispositions lectoriales, les usages des codes littéraires et langagiers ainsi que les modalités de représentation du réel, définit tant un ordre de priorité dans les études que le mode même de celles-ci.

Cette orientation générale s'oppose aux homélies universalisantes de la francophonie officielle qui cultive le stéréotype langue des affaires (l'anglais) *vs* langue de la Culture. Dans un récent numéro de la *Revue des deux mondes*, le poète et essayiste libanais Salah Stétié envisage la langue française comme « un fait linguistique » et un « fait culturel » (Stétié 2001,

---

[5] On peut citer le cas des « privatisations » récentes en Afrique noire : « Engagées dans les années quatre-vingt à l'instigation des bailleurs de fonds et dans un contexte de régression économique, elles permettent aux groupes sociaux qui ont pris le pouvoir lors de l'indépendance d'accélérer un mécanisme d'accumulation généralement enclenché dès la période coloniale et systématisé après la victoire nationaliste. L'État s'est ainsi vu privatisé par les factions au pouvoir, qui ont subverti les entreprises publiques à des fins d'enrichissement privé et de régulation politique. Aujourd'hui, les « privatisations » poussent cette logique à son paroxysme. Elles autorisent les détenteurs du pouvoir à accaparer, par l'intermédiaire de parents ou d'hommes de paille, les fleurons des économies nationales. À la limite, le phénomène peut revêtir la forme d'une braderie précipitée, comme au Zaïre en 1991… » (Bayart (éd.) 1994, p. 31).

p. 22)⁶, argument qui peut être présenté pour n'importe quel idiome. Quant à faire du français la langue des « idéaux démocratiques » (*ibid.*, p. 24), certes, mais les textes fondateurs des États-Unis prouveraient que l'anglais n'est nullement en reste ici.

Un sens politique de la littérature

L'attention à la pragmatique développe en fait un sens politique de la pratique littéraire, un peu perdu par les études littéraires françaises. Si comme l'observait Italo Calvino, il y a des façons erronées de considérer l'utilité politique de la littérature, on peut aussi distinguer deux bonnes manières d'en user politiquement : soit elle donne une voix à qui n'en a pas, donne un nom à qui n'a pas de nom, et spécialement à ce que le langage politique cherche à exclure (on peut penser à Sembène Ousmane ou Mongo Beti) ; soit elle est capable d'imposer des modèles de langage, de vision, d'imagination, de travail mental, de mise en relation des données, créant « ce type de modèles-valeurs qui sont en même temps esthétiques et éthiques, et essentiels pour tout projet d'action, spécialement politique » (Calvino 1984, p. 82) (pensons à la vision du monde colonial qu'a donnée Frantz Fanon, à l'image des indépendances africaines que propose Ahmadou Kourouma, à celle du tyran créée par Henri Lopès).

L'attention se concentre aussi sur les jeux idéologiques européens dans l'appréhension des autres civilisations tant pour ce qui regarde la production littéraire coloniale ou exotique⁷ que pour les discours du savoir. Le tiers-mondisme a ainsi été un cadre majeur de restructuration des images

---

[6] Sur l'aspect faussement universalisant de la francophonie, cf. Roger Little : World Literature in French ; or Is Francophonie frankly phoney ? *European Review*, Vol. 9, 4, October 2001, pp. 421-436.

[7] János Riesz a proposé des analyses précises de l'investissement colonialiste des lettres d'Europe (« Zehn Thesen zum Verhältnis von Kolonialismus und Literatur », in : Bader, W. & J. Riesz (éds) (1983) : *Literatur und Kolonialismus I*. Bayreuther Beiträge zur Literaturwissenschaft, Frankfurt/M., pp. 9-26. Riesz, J. (1998) : *Französisch in Afrika. Herrschaft durch Sprache*. IKO Verlag, Frankfurt/M. Il a également marqué les continuités lettres coloniales-lettres post-coloniales (*Koloniale Mythen – Afrikanische Antworten. Europäisch-afrikanische Literaturbeziehungen* 1. IKO Verlag, Frankfurt/M., 1993 ; « Littérature coloniale et littérature africaine : hypotexte et hypertexte », in : Halen, P. & R. Fonkoua (éds) (2000) : *Les Champs littéraires africains* (Karthala, Paris). Comme l'écrit G. Spivak : « It should not be possible to read nineteenth-century British literature without remembering that imperialism, understood as England's social mission, was a crucial part of the cultural representation of England to the English » (« Three Women's Texts and a Critique of Imperialism ». *Critical Inquiry* (XII, i), Autumn 1985, p. 243).

des peuples non européens, pour l'intelligentsia de gauche européenne des années soixante à soixante-dix (Moura 1992), jusqu'à déterminer des stratégies éditoriales (le tiers-mondisme des Éditions du Seuil, en France, par exemple) et/ou la réception de tel auteur.

Cet intérêt pour la pragmatique suppose aussi une attention aux lettres francophones en tant que signes et produits de la globalisation, même si le phénomène est diversement interprété (Beck 1998). Certes, en termes d'importance sociale, la littérature est une partie négligeable dans l'ensemble des pratiques économiques, politiques et culturelles (médiatiques surtout) transnationales, pourtant non seulement elle ne saurait être envisagée sans ces cadres qui structurent les conditions de vie et de création de l'homme contemporain[8], mais elle en reçoit nombre de ses thèmes et formes. Les littératures postcoloniales sont souvent des créations transnationales/transculturelles, véhiculant des symboles culturels devenus signes caractéristiques d'identité. Elles peuvent promouvoir les thématiques d'un « néo-exotisme » sur la scène littéraire globale, comme en témoignent la « Créolité » antillaise ou le « réalisme magique » indien d'un Salman Rushdie.

Une étude littéraire renouvelée

Le caractère transnational de la création littéraire francophone appelle divers modes d'interprétation enracinés dans les études postcoloniales. Dans un monde où l'anglais est *de facto* le langage global (Crystal 1997), la langue anglaise devient un complément plus qu'un concurrent pour le français, comme l'ont compris les politiciens français s'occupant du monde francophone. Dans son rapport *Du global à l'universel. Les enjeux de la francophonie*, Yves Tavernier souligne que « La défense de la francophonie doit devenir celle du trilinguisme, l'anglais et le français, – voire du plurilinguisme. Cette démarche doit également être suivie en France même » (Tavernier 2000, p. 174). Le développement que prône le député concerne la télévision, le cinéma et Internet, la littérature n'est pas mentionnée. On peut cependant tirer trois conséquences de ses propos :

1) La nécessité d'une histoire littéraire transnationale, distincte de l'histoire littéraire centrée sur le canon national[9], orientée vers une production

---

[8] Que l'on songe à l'influence de cette globalisation sur la théorie littéraire : accueil des intellectuels français aux États-Unis (Foucault, Derrida…), des Indiens dans le monde anglo-saxon (H. K. Bhabha, A. Appadurai…), d'un théoricien américain comme Fredric Jameson en Chine…

[9] L'histoire littéraire française en est un bel exemple, mais Rousseau, mais Michaux et tant d'autres ?

littéraire écrite dans une langue mais selon des modalités pluri-culturelles. La question est naturellement immense. À sa racine se trouve la tension entre l'histoire littéraire, fixant cadres chronologiques et paradigmes (par exemple, la division en siècles de l'histoire littéraire française), et les recherches historiographiques (posant les conditions de nouveaux modes d'élaboration et d'exposition du savoir). On peut attendre des travaux comparatistes qu'ils aident à ce renouveau.

Les difficultés de ces recherches sont liées à la manière de penser l'articulation histoire-littérature : histoire nationale ou comparée ? Histoire de la métropole ou histoire régionale (pour les Antilles, par exemple) ? D'où la question de la validité des systèmes théoriques articulant littératures francophones et société – les plus connus sont les travaux d'inspiration sociologique (champ littéraire, institution, Centre/Périphérie) ; les travaux insistant sur l'émergence ; ceux qui s'intéressent aux « minorités » et enfin ceux qui donnent une place centrale au concept de « littérature mineure ».

2) La prise en compte et l'analyse de l'hybridité culturelle et littéraire (Homi K. Bhabha) : ce site de négociation politique, de la construction du symbolique, la construction du sens – qui non seulement déplace les termes de la négociation, mais permet d'inaugurer une interaction ou un dialogisme dominant/dominé. Cette hybridité (analysée d'une autre manière par Arjun Appadurai) justifie probablement le fait noté par le critique nigérian Abiola Irele lorsqu'il écrit que nous sommes entrés dans l'ère *post-nationale* de la littérature.

Pour ce qui regarde l'étude des œuvres, le point nodal me semble être l'analyse de la situation d'énonciation présupposée par un texte : l'image que l'œuvre francophone donne de sa situation d'énonciation (que Dominique Maingueneau appelle la *scénographie* (Maingueneau 2004)). Les œuvres s'inscrivent dans une situation d'énonciation où coexistent des univers symboliques divers dont l'un a d'abord été imposé et a reçu le statut de modèle (ou contre lequel on s'affirme, cas du Québec). Dans cette situation de coexistence, la construction par l'œuvre de son propre contexte énonciatif est à la fois plus complexe et plus importante que dans une situation de monolinguisme relatif (par exemple, en France)[10]. Pour l'auteur francophone, il s'agit d'établir son texte dans un milieu instable (et d'abord au plan linguistique), où les hiérarchies sont fluctuantes et mal acceptées, les publics

---

[10] Comme en témoignent d'abord les fréquentes métaphores spatiales de la critique postcoloniale, insistant sur la situation du texte : il suffit de parcourir la liste des chapitres de l'ouvrage d'Ashcroft *et al.* (1989) : « Cutting the Ground… » ; « Re-placing Language », « Re-placing the Text », « Re-placing theory ».

hétérogènes, et souvent de le faire reconnaître sur une scène littéraire lointaine. La scénographie réagit à tant d'incertitudes. À partir de cette situation d'énonciation présupposée par l'œuvre se développent certaines options formelles. C'est la description et l'étude de celles-ci qui permet d'envisager des poétiques postcoloniales (Moura 1999).

Les analyses de l'*ethos* (entendu comme image que l'orateur/l'auteur donne de soi dans son discours) menées dans le domaine des *Cultural Studies* ressortissent à cette dimension de l'étude. Dans *Ethos : New Essays in Rhetorical and Critical Theory* (1994), J. S. et T. F. Baumlin explorent les différentes conceptions rhétoriques de l'*ethos* et tentent de les repenser dans un cadre contemporain. Ils montrent notamment comment on peut construire un *ethos* discursif qui contribue à constituer une parole de femme ou encore de « subalterne » (selon l'expression de Gayatri C. Spivak : *Can the Subaltern Speak ?* (Spivak 1988))[11] indissociable d'un positionnement politico-éthique (Amossy 1999).[12]

Cette construction de l'*ethos* et de la scénographie ne peut être séparée d'une étude institutionnelle de la francophonie, organisant certaines régularités de la production francophone selon des stratégies d'agents engagés dans un « système » littéraire (on songe aux romanciers d'expression française issus d'espaces non francophones, d'Hector Bianciotti à Andréi Makine ou Nancy Huston, étudiés par Véronique Porra (2000)[13]). Pierre Halen a proposé une topologie de l'institution francophone (2001)[14] qui

---

[11] A cet égard, les travaux de G. Spivak sont intéressants parce qu'ils réagissent contre l'absence de point de vue féministe chez les premiers critiques postcoloniaux.

[12] Sur la recherche (et ses difficultés) des éléments d'un *ethos* régional, voir pour le Maghreb : « Qu'est-ce qu'un auteur maghrébin ? » *Expressions maghrébines*, vol. 1, n°1, été 2002.

[13] Voir aussi : Porra, V. (2002) : « Quand les « passeurs de langue » deviennent « passeurs de culture » », pp. 129-151.

[14] La triple organisation des zones francophones que propose Halen (pp. 60 ss) rencontre en fait la trilogie des systèmes sociaux avancée par Niklas Luhmann entre systèmes d'interaction (répondant à une théorie de l'interaction symboliquement médiatisée), systèmes d'organisation (répondant à une théorie des organisations) et systèmes sociétaux (répondant à une théorie de la société), soit « niveau local », « niveau francophone » et « niveau mondial » chez Halen. (Luhman, N. (1971) : « Interaktion, Organisation, Gesellschaft », in : *Soziologische Aufklärung : Aufsätze zur Theorie der Gesellschaft*, Westdeutscher Verlag, Bielefeld). L'étude systémique précise, appelée de ses vœux par Halen, pourrait s'inspirer des principes de cette sociologie.

fournit un cadre général – certes à préciser – pour rapporter l'*ethos* d'une œuvre à ses déterminations institutionnelles.[15]

3) La prise en compte de la conscience linguistique (Weinrich 1990) ou du sentiment de la langue (Meschonnic 1995) cardinal pour un auteur qui écrit dans un contexte manifestement plurilingue. Cette « conscience de la multiplicité des langues, expérience d'une manière d'éclatement du discours, marqué par la diglossie et le métissage » (Ricard 1995, p. 6) peut être source d'insécurité linguistique (Klinkenberg 1993). Pour ces littératures se pose avec une acuité particulière le problème des tensions entre les langues et les univers symboliques. Lieu de compromis par lesquels sont fixés des modes d'insertion de chacune des langues, de chacun des univers symboliques dans l'espace mental commun en formation, elles consacrent des formes hybrides, une réalité nouvelle et mixte, dont l'attention postcoloniale à la scénographie peut rendre compte. La relation-à et la représentation-de l'environnement linguistique premier et la langue française d'autre part sont déterminants pour l'écriture, comme l'a remarqué Daniel Delas (2001, p. 9).[16]

---

[15] P. Halen décrit justement le processus général lorsqu'il observe que les écrivains ne travaillent pas pour exprimer une identité mais pour obtenir une reconnaissance institutionnelle. « Or s'agissant du système littéraire francophone, il n'est guère que deux voies pour l'obtenir : celle de l'assimilation, qui suppose la disparition des marques identitaires étrangères (cas de Michaux, ou au contraire celle de la spécification, qui suppose la production et l'exploitation de marqueurs *ad hoc* » (*ibid.*, p. 66). L'identification des régularités de la production et de l'exploitation de ces « marqueurs » constitue une démarche nécessaire pour une poétique des lettres francophones.

[16] S'interrogeant sur la spécificité des écritures francophones d'Afrique, il citait, outre une sorte d'éclatement du sujet (apanage aussi de certains écrivains français), deux éléments :
– l'usage du français comme une langue non maternelle, donc une écriture jouant sur le fond d'une mémoire linguistique différente, y compris pour les auteurs installés depuis longtemps en France. L'accent (africain, antillais ou autre) étant constitué non seulement de particularités phonétiques, « mais aussi de particularités intonatives et rythmiques qui plongent très profondément dans la réalité de l'être humain ». Et qui se marquent dans l'écriture ;
– l'oralité : entendue en plusieurs sens : le dialogisme ou le plurilinguisme de l'œuvre ; la *mimésis* d'une oralité particulière (les ouvrages récents d'Ahmadou Kourouma) ; la mise en scène de l'oralité (pas uniquement africaine : de Tahar Ben Jelloun à Antonine Maillet) ; le « rythme » (au sens où l'entend H. Meschonnic faisant du texte une performance écrite).
Ces deux traits linguistiques lui permettaient de diagnostiquer l'affranchissement des littératures francophones d'Afrique de leur modèle culturel et linguistique français (Delas 2001, p. 9).

Michel de Certeau évoquant la vocation de l'historiographie semble définir par avance l'orientation appelée par la topique postcoloniale : il s'agit pour les littératures francophones, de substituer aux « prétentions subjectives » ou aux « généralités édifiantes » « la positivité d'un lieu sur lequel le discours s'articule sans pourtant s'y réduire » (Certeau 1974, p. 72), que ce socle positif soit exploré dans ses relations au statut actuel de la francophonie, au développement d'une histoire littéraire transnationale, à l'hybridité culturelle contemporaine, au dispositif d'énonciation de l'œuvre, au rapport de celle-ci au système institutionnel francophone ou à la conscience linguistique manifestée dans l'œuvre.

Mais les études littéraires francophones ont-elles besoin de se développer dans un monde qui a vu se réduire considérablement l'importance sociale de la littérature et où la multiplication des enseignants-chercheurs et l'envolée de la théorie littéraire ont abouti à une prolifération d'approches critiques, coexistant sans jamais se remettre en cause les unes les autres ? La multiplication d' « approches stimulantes » (comme on dit dans les colloques) se produit sur le fond d'une absence centrale : celle d'une conception générale et partagée de ce qu'est la littérature[17]. Les débats, venus des États-Unis, sur le canon en témoignent. Dans un contexte où la question de la légitimité des études littéraires est posée avec une insistance croissante, il peut paraître superfétatoire de procéder à une interrogation supplémentaire concernant une de leurs périphéries. Plusieurs éléments laissent à penser le contraire. La critique postcoloniale souligne quelques éléments d'intérêt de ces lettres : la nécessité d'une attention à la dimension politique de la littérature (notamment – mais pas uniquement – parce qu'elles sont issues de l'une des plus remarquables dynamiques historiques du XXe siècle, les décolonisations), et la prise en compte de l'un des faits majeurs de ce temps, la globalisation. Elle fournit en outre des cadres d'approche pragmatiques de ces littératures les distinguant de l'étude nationale des lettres sans systématiser l'opposition.

Le postcolonialisme est une perspective importante sur notre époque sans pouvoir naturellement prétendre donner une description complète et adéquate de notre monde et de nos littératures. Sa vertu critique réside dans ses interactions avec d'autres pensées et d'autres pratiques d'étude. En l'occurrence, la rencontre de traditions critiques françaises et francophones est une voie d'avenir au sens où elle pourrait mener à un renouvellement souhaitable des études littéraires francophones au triple plus d'une attention plus fine aux identités et aux énonciations, à la dimension politique des textes littéraires et aux interprétations des œuvres contemporaines.

Jean-Marc Moura
Université de Lille

---

[17] Rares sont les chercheurs qui tel Jacques Rancière (1998), s'interrogent sur le mode de visibilité actuel de la littérature.

Références

Amossy, Ruth (sous la dir. de) (1999) : *Images de soi dans le discours. La construction de l'ethos*. Delachaux et Niestlé, Lausanne.

Arnold, A. James (2003) : Francophone Postcolonial Studies. *Francophone Postcolonial Studies*, Winter, 1-2.

Ashcroft, Bill, Gareth Griffiths & Helen Tiffin (1989) : *The Empire Writes Back : Theory and Practice in Post-colonial Literatures*. Routledge, London and New York.

Bardolph, Jacqueline (2001) : *Études postcoloniales et littérature*. Champion, Paris.

Baumlin, James S. & Tita French Baumlin (éds) (1994) : *Ethos : New Essays in Rhetorical and Critical Theory*. Southern Methodist University Press, Dallas (États-Unis).

Bayart, Jean-François (dir.) (1994) : *La Réinvention du capitalisme*. Karthala, Paris.

Beck, Ulrich (éd.) (1998) : *Was ist Globalisierung ? Perspektiven der Weltgesellschaft*. Suhrkamp, Frankfurt am Main.

Béji, Hélé (1997) : *L'Imposture culturelle*. Stock, Paris.

Britton, Celia & Michael Syrotinski (2001) : Introduction. Francophone Texts and Postcolonial Theory. *Paragraph*, vol. 24, n° 3, nov. 2001, pp. 1-11.

Calvino, Italo (1984) : *La Machine littérature*. Édition du Seuil, Paris.

Certeau, Michel de (1974) : *L'Écriture de l'histoire*. Gallimard, Paris.

Compagnon, Antoine (1998) : *Le Démon de la théorie*. Seuil, Paris.

Crystal, David (1997) : *English as a Global Language*. Cambridge University Press, Cambridge.

Cusset, François (2003) : *French Theory*. La Découverte, Paris.

Delas, Daniel (2001) : De quelle voix parlent les littératures francophones ? in : *Littératures francophones : langues et styles*. Centre d'Études Francophones de l'Université de Paris-Val-de-Marne, L'Harmattan, Paris.

Etemad, Bouda (2000) : *La Possession du monde. Poids et mesures de la colonisation*. Complexes, Bruxelles.

Halen, Pierre (2001) : Notes pour une topologie du système littéraire francophone, in : Diop, P. S. & H. J. Lüsebrink (éds) : *Littératures et sociétés africaines. Mélanges offerts à János Riesz*. Gunter Narr Verlag, Tübingen.

Kesteloot, Lilyan (2001) : *Histoire de la littérature négro-africaine*. Éditions Karthala/AUF, Paris.

Klinkenberg, Jean-Marie (1993) : *L'insécurité linguistique dans les communautés francophones périphériques*. Publications de l'Université de Louvain-la-Neuve, Louvain-la-Neuve, vol. 19, n° 3-4, pp. 71-80.

Maingueneau, Dominique (2004) : *Le discours littéraire*. A. Colin, Paris.

Meschonnic, Henri (1995) : *Politique du rythme, politique du sujet*. Verdier, Paris.

Moura, Jean-Marc (1992) : *L'Image du tiers monde dans le roman français contemporain*. PUF, Paris.

Moura, Jean-Marc (1999) : *Littératures francophones et théorie postcoloniale*. PUF, Paris.

Porra, Véronique (2000) : *Langue française, langue d'adoption. Discours et positionnement des romanciers d'expression française originaires d'espaces non francophones dans le champ littéraire français (1945-2000)*. (Habilitationschrift vorgelegt an der Sprach- und Literaturwissenschaft Fakultät der Universität Bayreuth).

Porra, Véronique (2002) : Quand les « passeurs de langue » deviennent « passeurs de culture ». Intégration des auteurs étrangers originaires d'espaces non francophones en France, in : Dion, Robert, Hans-Jürgen Lüsebrink & János Riesz (éds) : *Écrire en langue étrangère. Interférences de langues et de cultures dans le monde francophone*. Nota bene, Québec/IKO Verlag, Francfort, pp. 129-151.

Rancière, Jacques (1998) : *La Parole muette*. Hachette, Paris.

Ricard, Alain (1995) : *Littératures d'Afrique noire*. Karthala, Paris.

Said, Edward W. (1983) : Traveling theory, in : *The World, the Text and the Critic*. Harvard University Press, Cambridge, Mass., pp. 226-247.

Slemon, Stephen (1994) : The Scramble for Post-colonialism, in : Tiffin, C. & A. Lawson (éds) : *De-scribing Empire. Postcolonialism and Textuality*. Routledge, London, pp. 16-17.

Sloterdijk, Peter (2000) : *La Mobilisation infinie. Vers une critique de la cinétique politique*. Christian Bourgois, Paris, pp. 271-272.

Spivak, Gayatri Chakravorty (1988) : Can the Subaltern Speak ? in : Nelson, C. & L. Grossberg (éds) : *Marxism and the Interpretation of Culture*. University of Illinois Press, Urbano.

Stétié, Salah (2001) : La Maison francophone. *Revue des deux mondes*, novembre-décembre, n° 11-12, pp. 21-26.

Tavernier, Y. (2000) : *Du global à l'universel. Les enjeux de la francophonie*. Assemblée Nationale, Paris.

Weinrich, Harald (1990) : *Conscience linguistique et lectures littéraires*. Maison des Sciences de l'Homme, Paris.

Littérature maghrébine francophone et théorie postcoloniale

par
Charles BONN

La théorie postcoloniale[1] suppose ce que Moura nomme une « affirmation forte de son espace d'énonciation », face à sa lecture par l'ancien Centre colonial, devenu centre de reconnaissance. Et cette dynamique suppose deux « scénographies » majeures :

- Une scénographie anthropologique, selon laquelle il faut se décrire pour exister, et rassembler dans cette description tout ce qui crée la cohérence d'un espace périphérique et sa spécificité par rapport à la norme du Centre ;
- et une scénographie de la rupture, essentiellement dans l'écriture, que les théoriciens caractérisent à partir de la définition par Fanon du « style heurté de l'intellectuel colonisé », et qu'au Maroc on connaît mieux bien avant la théorie postcoloniale dans la formule célèbre de Khatibi : « Quand je danse devant toi, Occident, sans me dessaisir de mon peuple, sache que cette danse est de désir mortel » (Khatibi 1971, p. 188).

Mais alors que cette théorie réclame la prise en compte de l'histoire coloniale dans l'approche des textes littéraires, elle suppose que ces dynamiques d'écriture sont les mêmes après qu'avant les indépendances, et ne

---

[1] Je me base ici essentiellement sur la vulgarisation française, un peu réductrice pour certains, qu'en a faite Jean-Marc Moura dans *Littératures francophones et théorie postcoloniale*, PUF, Paris, 1999. Le binarisme idéologique que je vais attaquer ici est moins évident chez les théoriciens les plus connus, comme Ashcroft, Griffith et Tiffin, mais aussi Bhabha.

reconnaît pas non plus le fait que dans la postmodernité où nous nous trouvons maintenant, la binarité sur laquelle reposaient toutes les idéologies des années 50 à 70 semble avoir sérieusement perdu de son efficacité. Je vais donc montrer des applications possibles, mais aussi les limites de cette théorie pour décrire la production littéraire algérienne dans trois époques différentes : la période coloniale, les années 1970, et le postmodernisme actuel. Et contre l'opposition binaire un peu trop simple que développe surtout Moura, je tenterai de mettre en place deux concepts qui me semblent plus pertinents : celui de tragique, qui récuse le binarisme par l'ambiguïté, et celui de dissémination, propre au postmodernisme, qui lui aussi récuse toute spatialisation trop manichéenne.

Quelle scénographie anthropologique ?

La scénographie anthropologique se trouve surtout dans les premiers romans algériens reconnus comme tels, à savoir ceux des années 50, qui répondent à une demande d'intellectuels militants anticolonialistes français pour qui il s'agit de montrer que contrairement à ce qu'affirme le discours colonial, les colonisés possèdent leur culture et leur dignité propres. « Montrer que les Kabyles étaient précisément des hommes », disait Feraoun. On décrit donc l'espace traditionnel en insistant sur sa cohérence et sa spécificité, afin qu'il puisse jouer le rôle symbolique d'espace identitaire. C'est ce que Jean Déjeux appelait le « courant ethnographique » sans forcément voir le dialogue de ces textes avec leur réception, ni cette fonction performative qui est ici en question. Fonction performative dans le lien avec l'affirmation d'un espace identitaire qui interdit en partie de décrire l'émigration, dont l'éloignement, joint au fait que les primo-émigrés ne se définissaient que par rapport à leur espace d'origine, briserait l'efficacité identitaire de la description exclusive de cet espace. Ou encore de situer l'action d'un roman ailleurs qu'au Maghreb : le peu d'échos des romans « canadiens » de Chraïbi, au Maroc, la rupture de Dib avec les éditions du Seuil à partir de *Habel* sont là pour montrer cet enfermement de l'écrivain dans une fonction d'« affirmation forte de l'espace d'énonciation ».

Mais si elle paraît naïvement revendicative à une lecture extérieure, cette « affirmation forte de l'espace d'énonciation » au moyen de la description réaliste n'en développe pas moins, on le sait, une dépendance formelle à travers le genre importé du roman, et particulièrement la relation de pouvoir entre pôle sujet et pôle objet inhérente à toute description. Au point que des nationalistes algériens pour le moins simplistes qualifièrent même *La Colline oubliée* (1952) de Mouloud Mammeri de « Colline du reniement », ce qui ne me semble pas conforter la thèse d'une « affirmation forte de l'espace d'énonciation » !

La véritable dynamique fondatrice sera donc plutôt à chercher, non dans la scénographie anthropologique, même si cette dernière fut plus efficace sur ce point en Afrique noire, mais plutôt dans une scénographie de la rupture, qu'incarna à l'époque coloniale *Nedjma*, de Kateb Yacine. Rupture introduite, non par la description d'un espace inconnu des lecteurs occidentaux dans un modèle d'écriture qui leur soit familier, mais par la subversion scripturale du modèle romanesque importé, dont tout le monde ici connaît les principales modalités (multiplication des narrateurs et des récits, chronologies et points de vues multiples, irruption d'autres modèles narratifs, comme l'épopée ou le conte oral, et surtout suppression de la description). La fonction fondatrice de ce texte fut telle, par cette rupture formelle, qu'on ne trouve plus guère de descriptions dans la littérature algérienne de 1956 à 1970[2], et que par la suite de nombreux écrivains algériens, au premier rang desquels Rachid Boudjedra ou Nabile Farès, multiplièrent les références intertextuelles à l'œuvre de Kateb Yacine.

Pourtant, Kateb n'a jamais théorisé cette rupture. Si rupture il y a chez lui, c'est plutôt celle du « lien ombilical » par son entrée même en littérature, à travers la « gueule du loup » de la langue française, qu'il nous raconte aux dernières pages du *Polygone étoilé* (1966), en insistant sur le véritable sacrifice de la mère que cette rupture supposait.

Par ailleurs même les textes classés comme descriptifs, ceux du « Courant ethnographique », selon Déjeux, décrivent peu, et ne le font pas, en tout cas, dans le sens de cette « affirmation forte d'un espace » que souligne la théorie postcoloniale, puisque le plus souvent l'espace qu'ils font vivre devant nous est un espace en faillite, en train de se perdre sous les coups de la modernité, et non d'affirmer cette dernière. Ils nous montrent en effet un triple sacrifice. Celui d'un espace culturel confronté à la crise de valeurs inouïe qu'entraîne sa confrontation avec la modernité occidentale. Celui du personnage tiraillé entre ces deux systèmes de valeurs, et qui en meurt comme mourait le héros tragique grec, issu d'un monde ancien et sacrifié sur la scène urbaine de la toute neuve démocratie athénienne. Qu'on se souvienne ainsi de la mort d'Amer à la fin de *La Terre et le Sang* (1953) de Mouloud Feraoun, ou de celle de Mokrane dans la neige du col de Tizi N'Kouilal qu'il franchissait en sens inverse à la fin de *La Colline oubliée* (1952) de Mouloud Mammeri.

Mais la troisième sacrifiée, et peut-être la plus symbolique, est la mère. À la fois gardienne de la tradition et intimité la plus inviolable, elle se trouve soudain exhibée au mépris des convenances et au creux même de la blessure, par exemple lorsque dans *La Colline oubliée* les cris de ces femmes à qui on vient d'arracher leurs fils pour les emmener à la guerre se

---

[2] Année de publication du *Village des Asphodèles*, d'Ali Boumahdi (Laffont).

répondent dans la nuit d'une colline à l'autre de Kabylie (Mammeri 1992 [1952], pp. 39-41). Cette exhibition et ce chant des mères, beauté scandaleuse de la souffrance, sont un thrène tragique. La douleur seule, par son scandale, permet au chant de sortir pour la première fois de l'intimité familiale. Et la beauté de ce chant repose sur la perte. Il rejoint ainsi la « gueule du loup » de son entrée dans la langue française, et donc de son futur destin d'écrivain dans cette langue, que nous décrit Kateb Yacine à la fin du *Polygone étoilé* (pp. 181-182) en y montrant la perte de la mère sacrifiée que suppose cette entrée dans la modernité, mais aussi dans la littérature. Comme si l'émergence même de cette littérature de l'entre-deux reposait, précisément, sur cette perte, sur ce sacrifice de la mère. D'ailleurs la répudiation de cette dernière par le père n'est-elle pas le prétexte narratif du roman auquel elle donne même son titre trois ans plus tard, *La Répudiation* (1969), de Rachid Boudjedra, texte dont on sait qu'il cristallise en quelque sorte ce qu'on a pu appeler la seconde et définitive naissance de cette littérature qui commençait à se tarir depuis l'Indépendance, en 1962 ? La dynamique tragique de la perte devient ainsi la tension fondatrice répétitive dans laquelle s'inscrit l'émergence de cette littérature.

Car ce triple sacrifice fondateur installe l'ambiguïté, dans laquelle un helléniste comme Jean-Pierre Vernant voit un élément constitutif de la tragédie. Le sens est toujours à la fois ici et ailleurs, et l'émergence littéraire s'inscrit dans cette tension. Ainsi dans *La Terre et le Sang*, l'émigration d'où revient Amer n'a « pas plus d'autre signification que celle d'une parenthèse impuissante à changer le sens général d'une phrase » (Feraoun 1976 [1953], p. 13). Alors pourquoi avoir fait du héros d'une intrigue qui a lieu entièrement au village un émigré, accompagné de plus d'une femme française qui n'interviendra jamais dans l'action ? Est-ce seulement pour justifier le scandale de la liaison illicite qu'il aura avec sa cousine Chabha ? Mais à y regarder de plus près on s'aperçoit que tout s'est déjà joué pour lui à son insu dans cette mine du Nord de la France où il fut la cause involontaire d'un accident dont sa mort au village deviendra en partie la réparation, et alors même que son intrigue illicite ne fait qu'aggraver son cas et le condamner à une mort inévitable. Le sens alors est inscrit ailleurs, et cet ailleurs est peut-être aussi celui, scandaleux et atypique à son tour, de l'émergence littéraire dans la langue de l'autre, et qui pourtant, comme l'enfant dans le ventre de Marie, devenue « plus kabyle que les kabyles », pourrait ainsi représenter après la mort de son père la modernité d'écriture à venir.

« L'affirmation forte de l'espace d'énonciation » en quoi la théorie post-coloniale revisitée par Moura voit un des piliers de l'émergence des littératures est donc à relativiser beaucoup. Certes, il s'agissait selon ses propres dires pour Feraoun, dont ces propos ont été montés en épingle par Jean

Déjeux, de « montrer que les kabyles [étaient] précisément des hommes », et ainsi de prendre voix dans une sorte de concert international de la littérature et de l'identité. Mais cette dynamique affirmative me semble sérieusement mise en cause par la dimension au contraire déceptive d'une écriture qui se fonde par une esthétique de la perte. Esthétique de la perte, registre tragique sur lesquels se fonde d'emblée sa littérarité, mais que des lectures paternalistes, ou au contraire idéologiques ne peuvent pas percevoir, tant il est vrai que les premières ne la conçoivent même pas dans cet espace, et que les secondes ont une autre attente, par rapport à laquelle cette littérarité s'installe nécessairement dans le malentendu. La retenue, la « timidité » qu'on a parfois reprochée à Feraoun, et exploitée pour le traiter d'« assimilé », est d'abord la marque de ce malentendu, comme de l'ambiguïté sur laquelle il repose. Car le sens, on l'a vu, est toujours ailleurs, dans ce second niveau de signification qui, par-delà le tragique, installe la littérarité comme exercice de l'ambigu. La littérarité récuse le monologique attendu par les idéologues, tout comme elle récuse le misérabilisme descriptif et la transparence attendues par des lectures paternalistes. La fondation de cette littérarité par la conscience de la perte repose certes sur la rupture. Mais cette rupture se fait, non pas, comme l'attend l'idéologie binaire, avec l'Autre, le Centre, mais au cœur même de l'être, de l'identité et de sa mémoire, à travers entre autres le sacrifice tragique de la mère.

Quelle scénographie de la rupture ?

Si la rupture de fait de l'écriture de *Nedjma* avec le modèle romanesque occidental consacré ne relève pas, ainsi, de cette scénographie binaire que voit Moura dans la théorie postcoloniale, mais au contraire de cette perte féconde dans la « gueule du loup » que Kateb nous décrit à la fin du *Polygone étoilé*, cette rupture n'en servira pas moins de modèle à la dynamique moderniste d'opposition aussi bien littéraire que politique que la génération de 1970, dont la revue *Souffles* et la dynamique qu'elle développa sont la meilleure illustration, affichera en la théorisant. Kateb était fondateur génial dans sa solitude. Dans l'incompréhension même dans laquelle l'ont installé ceux qui voulaient faire de *Nedjma* une lecture exclusivement idéologique, insistant sur sa rupture avec le système esthétique colonial et le modèle littéraire du roman qui en était issu. Je parlerais plutôt ici pour *Souffles*, dans la mesure où Kateb n'a jamais théorisé cette rupture, d'une scénographie de la rupture fondée sur une expression de groupe, scénographie qui illustre de ce fait beaucoup mieux que la marge du monstre sacré la théorie post-coloniale, selon laquelle l'écrivain issu de la périphérie parle en quelque sorte d'une voix collective. Cette expression collective peut certes se lire aussi derrière le groupe des personnages comme des voix narratives de *Nedjma*, mais Kateb se démarquait à l'époque de l'équipe communiste d'*Alger républicain*, et les lectures militantes de son œuvre l'installent comme on l'a vu dans le malentendu. La revue *Souffles* au contraire, comme la plupart des revues, est l'expression d'un groupe se revendiquant comme tel, et d'une rupture collective explicite avec le « néo-impérialisme », à laquelle les écritures réunies dans ce cadre participent de façon collective. D'ailleurs toute dynamique politique est nécessairement collective, même si elle peut profiter parfois aussi de l'impulsion que lui donnent des « monstres sacrés » comme le sera dans l'équipe de *Souffles* Mohammed Khaïr-Eddine, et comme l'était déjà Kateb.

Souffles est l'expression d'une génération qui n'est pas seulement marocaine, puisque Boudjedra y a publié, et que Bourboune ou Farès en Algérie encore participent de la même dynamique de subversion collective par une écriture rompant avec la transparence des discours de pouvoir. Génération pour laquelle le travail sur le signifiant est éminemment politique. C'est ce « style heurté de l'intellectuel colonisé » dont parlait déjà Fanon, l'une des principales références de la théorie post-coloniale, que prône dans cette revue le célèbre dossier « Nous et la francophonie » (N° 18, mars-avril 1970), dont le « Nous » du titre est déjà en soi, dans sa position en tête de ce titre, tout un programme offensif collectif. Programme selon lequel, puisqu'il est impossible de se faire entendre sans passer par ce rouage du « néo-impérialisme » qu'est la francophonie, il convenait certes d'utiliser la langue française, mais de « subvertir cette langue de l'intérieur », de façon à ce que le lecteur français se sente étranger dans sa propre langue. Cette subversion politique, au lieu de servir l'idée politique par la transparence du signifiant, rompait prioritairement avec le discours de pouvoir et sa transparence, en exhibant un signifiant problématique, dans son existence même, séductrice et violente à la fois. Il n'est pas indifférent de ce point de vue que la phrase de Khatibi, que j'ai citée en commençant, date de 1973 : elle résume bien toute la dynamique de cette époque, plus que de la période coloniale proprement dite.

On peut cependant se poser plusieurs questions, dont la première sera : « Quelle 'lisibilité', quelle 'transparence' d'un discours du 'Centre' supposé être la cible de cette séduction-meurtre ? » Si les discours de pouvoir ont certes toujours revendiqué cette lisibilité et favorisé des formes littéraires bien conservatrices, il n'en reste pas moins que dans ces années 60-70 la transparence n'est pas la caractéristique principale de la littérarité du « Centre » « néo-impérialiste » qui serait la cible de ce « style heurté ». Le Nouveau Roman avait déjà alors rompu depuis longtemps avec le modèle romanesque réaliste institutionnalisé. Et par ailleurs tout le bouillonnement intellectuel consécutif à 1968 en France et en Europe produisait des écritures d'avant-garde, dont la préoccupation majeure semblait bien souvent d'échapper à la « récupération »[3] par les discours de pouvoir. Il suffit de se reporter par exemple aux écrits de Michel Foucault. Plutôt que d'une rupture par l'opacité du signifiant, d'une périphérie d'avec le centre, essentiel de ce que la théorie postcoloniale appelle une scénographie postcoloniale de rupture, je parlerais plutôt ici d'une modernité littéraire délocalisée, dans laquelle ces écrivains majeurs de la scène littéraire maghrébine se mettent au diapason d'une littérarité mondiale. Ils rejoignent d'ailleurs par là les deux aspects majeurs de la modernité littéraire selon Baudrillard dans son article sur ce concept dans l'*Encyclopaedia Universalis* : la rupture avec les modèles littéraires préexistants, et l'exhibition corrélative du signifiant au détriment du signifié, puisque aussi bien c'est par ce signifiant hors-normes que s'effectue la rupture.

Dès lors on pourra se demander ensuite : « Quelle est la cible de cette rupture ? » Le « centre » auquel s'opposerait la « périphérie » selon la théorie postcoloniale n'est en effet plus localisable : le « néo-impérialisme », plus encore que par la transparence supposée de son discours, ne se caractérise-t-il pas par son ubiquité, alors qu'au contraire les périphéries, c'est-à-dire les pays anciennement colonisés devenus indépendants, se réclament d'un discours nationaliste exhibant la spécificité du local et son irréductibilité ? Les pouvoirs en place s'y réclament contre la modernité délocalisée des meilleurs écrivains dont je viens de parler, d'une « authenticité » leur permettant comme en Algérie surtout, entre autres dans la très officielle revue *Promesses*, dirigée par Malek Haddad et le Ministère de l'Information et de la Culture, d'excommunier les meilleurs écrivains qui publient d'ailleurs à l'étranger, et qui sont pour la plupart des opposants politiques, ou du moins se considèrent comme tels. Certes, les opposants des trois pays maghrébins, et surtout ceux réunis autour d'Abdellatif Laâbi, ne voient dans ces nouveaux pouvoirs d'État se réclamant du local que les marionnettes de ce « néo-impérialisme » délocalisé contre lequel ils luttent. Mais le schéma de la théorie postcoloniale selon lequel la rupture par l'opacité du signifiant servirait à affirmer son espace d'énonciation face à la négation de celui-ci par le Centre colonial ne tient plus. Certes ces écrivains fustigent l'usurpation de leur espace par des gouvernements qui se réclament à tort d'une « authenticité » démagogique, mais leur dénonciation même de la confiscation de leur lieu passe par la délocalisation de leur écriture. Revendiquer ou déplorer la perte de l'intégrité du lieu où être passe par cette délocalisation de l'écriture, car comme nous le dit Farès dans *Le Champ des Oliviers*, il n'y a plus :

---

[3] Autre obsession collective de cette intellectualité se voulant révolutionnaire à laquelle je participais moi-même quelque peu, ne serait-ce que dans mes cours.

Aucun lieu en ce monde… Aucun lieu… Que cette déflagration meurtrière de votre terre… Oui… Une peine à vivre. Qu'une folie à circonscrire… Qu'une mort à accomplir… Aucun lieu en ce monde ». (Farès 1972, 4ᵉ de couverture)

On peut s'interroger enfin doublement sur cette époque des années 70 qui semble le mieux illustrer la théâtralisation subversive du signifiant en une « danse » de « désir mortel ». D'abord parce que même si selon l'analyse de nos écrivains le « néo-impérialisme » délocalisé a pris la suite du colonialisme en plaçant des marionnettes à la tête des pays décolonisés, les pays du Maghreb sont, du moins officiellement, indépendants. Ensuite et surtout parce que cette théâtralisation de leur rupture par le signifiant chez les écrivains des années 70 ne fait que théoriser un travail sur ce signifiant que les plus grands d'entre eux, comme Dib ou Kateb, faisaient depuis longtemps. On l'a vu pour Kateb, à propos de qui on pourrait d'ailleurs se poser la question aussi de la localisation esthétique de sa subversion du genre romanesque : ne se réclame-t-il pas des modèles libérateurs que furent pour lui des écrivains américains comme Joyce ou Faulkner ? Quant à Mohammed Dib, il a pratiqué cette modernité dès ses débuts, et je considère toute son œuvre comme étant avant tout une longue réflexion sur les pouvoirs du langage, même s'il n'a jamais prétendu faire de cette réflexion la tonitruante rupture dont se réclamaient les écrivains des années 70. J'ai pu montrer ainsi ailleurs (Bonn 1985, pp. 29-35) la mise en scène de ce langage qu'il opère dès *L'Incendie* (1954), en y représentant de manière volontairement artificielle un langage paysan tournant le dos à tout réalisme, qui de toute manière aurait été impossible. Toute l'œuvre de ce grand écrivain qui a traversé toute l'histoire de la littérature maghrébine jusqu'à sa mort en 2003 est ainsi une succession d'expériences sur le signifiant, ainsi que de réflexions sur ce dernier. On rejoint sur ce point la solitude de Kateb évoquée plus haut. Ces deux écrivains évoluent dès lors dans une sorte de marginalité géniale qui est certes, depuis la fin du XIXᵉ siècle la place de l'artiste, si on en croit Roland Barthes, mais qui les transforme ici en ce que j'ai appelé plus haut des « monstres sacrés » : c'est en quelque sorte parce qu'ils sont atypiques qu'ils représentent le mieux toute la dynamique littéraire maghrébine francophone ; c'est parce qu'ils sont chacun seul qu'ils sont le mieux au centre même du groupe, qu'ils en sont l'expression même tout en dépassant cette seule dimension par la force de leur écriture. On rejoint là cette notion d'ambiguïté inhérente à la littérarité que je développais en première partie à propos de « l'affirmation forte de l'espace d'énonciation » : cette ambiguïté récuse une fois de plus le raisonnement binaire de l'idéologie, comme de la théorie post-coloniale qui en est issue.

Quelle conscience de groupe dans l'âge postmoderne ?

La dynamique performative de cette « affirmation forte de l'espace d'énonciation » dont la théorie post-coloniale fait un de ses développements majeurs, suppose une production groupale visible en tant que telle. De même que l'émergence d'une nouvelle littérature ne peut s'appuyer sur un seul écrivain, de même l'efficacité politique de cette émergence que suppose la théorie postcoloniale est nécessairement groupale. Et en même temps comme on vient de le voir des « monstres sacrés » confortent paradoxalement ce groupe par leur dimension atypique en lui donnant une plus grande visibilité.

Cette dynamique performative de groupe est confortée, nous dit Moura, par les revues et les anthologies qui accompagnent souvent les émergences. Pourtant force nous est de constater que si l'Afrique noire a bénéficié très tôt de l'*Anthologie de la nouvelle poésie nègre africaine et malgache* (1948) de Senghor, préfacée de plus par Jean-Paul Sartre, le Maghreb a dû attendre les indépendances, avec l'*Anthologie des écrivains maghrébins d'expression française* d'Albert Memmi, en 1964, d'ailleurs suivie de peu par *Souffles*, ainsi que par les anthologies de Jean Sénac en Algérie. Faut-il en déduire que cette conscience de groupe, même si elle fut affirmée dès 1953 par Dib et Feraoun[4], était moins évidente au Maghreb qu'en Afrique noire ? La question est à creuser. Le poids de Sartre d'un côté[5], celui de la censure coloniale de l'autre ne sont sans doute pas à ignorer, mais cette observation n'en est pas moins à mettre en parallèle avec le peu de volume de cette « littérature militante » qu'on s'attendrait à trouver en période coloniale à partir de nos lectures actuelles, et à laquelle les lectures militantes ont certes réduit à tort cette littérature en période coloniale.

Quoiqu'il en soit cette dimension performative groupale, tant en période coloniale que dans les années 1970, peut être une des explications de l'absence dans ces textes du thème de l'émigration : cette dernière sert d'arrière-fond, dans *La Terre et le Sang* de Feraoun en 1953, à une intrigue se passant essentiellement au village kabyle, et dans *Les Boucs* de Driss Chraïbi en 1955 elle n'est en fait que le prétexte de l'écrivain pour décrire son propre déracinement. Et ensuite il faudra attendre *Topographie idéale pour une agression caractérisée* de Rachid Boudjedra (1975), suivi par *La Réclusion solitaire* de Tahar Ben Jelloun (1976) et *Habel* de Mohammed

---

[4] En réponse à l'enquête de Pierre Grenaud dans les *Nouvelles littéraires* du 22 octobre 1953, enquête de laquelle je date en ce qui me concerne le début d'une conscience de groupe constitutive d'un ensemble « Littérature algérienne ».

[5] Et le fait que les intellectuels africains entourant Senghor étaient regroupés à Paris, et relativement peu nombreux.

Dib (1977), pour voir revenir ce thème ainsi occulté pendant plus de 20 ans, alors que l'émigration est une donnée fondamentale de la Société maghrébine. D'ailleurs même Boudjedra, Ben Jelloun et Dib prennent l'émigration pour prétexte à une réflexion sur la marginalité de l'écriture, et il faudra attendre à nouveau la « Marche » des « beurs » en 1983, et *Le Thé au Harem d'Archi Ahmed* de Mehdi Charef la même année pour voir surgir une véritable littérature de cette émigration.

Mais, retournement de situation : la production littéraire maghrébine depuis les années 1980 est grandement dominée par cette littérature de la deuxième (ou troisième) génération de l'émigration, tellement porteuse d'ailleurs qu'Azouz Begag, l'un de ses meilleurs écrivains, deviendra ministre du gouvernement Villepin en France. Pourtant on ne saurait trouver chez ces jeunes écrivains une conscience de groupe comparable à celle que montraient Feraoun ou Dib dès 1953, et que relaya surtout la réception critique de cette littérature à partir de l'indépendance de l'Algérie. Non seulement ces écrivains signalent peu leurs confrères, mais leurs éditeurs comme leurs critiques les présentent tous comme des cas isolés, comme le représentant unique de milieux sociaux jusque-là aphasiques. Et cette absence de conscience de groupe est favorisée par, et favorise à son tour ce que j'ai appelé le « retour du référent » dans ces années 80. Retour du référent au détriment de la littérarité qui privilégie les témoignages isolés et réalistes. De plus ce phénomène s'observe à cette époque aussi bien dans cette jeune littérature de l'émigration que chez les auteurs proprement maghrébins : l'évolution de Rachid Mimouni de roman en roman est de ce point de vue significative. Aussi ce « retour du référent » se développera lorsque ce réel brutal deviendra omniprésent avec la violence terroriste en Algérie à partir de 1990. Dans tous les cas la réalité prime sur l'élaboration littéraire, et les témoignages qui se multiplient sur cette violence sont à chaque fois présentés comme uniques.

Une conscience de groupe suppose une communauté de style, et un adversaire commun, un « centre » que la « périphérie » chercherait à séduire et à violenter en même temps. Or, tant pour l'émigration que pour la violence en Algérie il est quasiment impossible de déterminer Centre et Périphérie. La localisation binaire, appui d'un discours idéologique binaire, ne fonctionne plus. L'âge postmoderne est celui de la dissémination, qui accompagne un recul spectaculaire du politique.

Cette dissémination est d'abord éditoriale. Il n'est quasiment plus d'éditeur français qui n'ait à son catalogue un ou plusieurs écrivains maghrébins ou issus de l'émigration, alors que longtemps ces écrivains se trouvaient chez un nombre limité d'éditeurs « engagés » ou avant-gardistes, comme Le Seuil, Plon ou Denoël. Plus importante encore est la dissémination des espaces référentiels. Dans les années 1970, lorsque Driss Chraïbi publiait *Un Ami viendra vous voir* (1967), ou *Mort au Canada*

(1975), personne ne prenait garde à ces romans dont l'action ne se situait plus au Maghreb. Pire encore : après la publication de *Habel*, son grand roman « sur » l'émigration en 1977, Mohammed Dib dut quitter les éditions du Seuil qui avaient édité la plupart de ses œuvres pour publier *Les Terrasses d'Orsol* (1985), puis ses autres textes situés en Finlande, chez un autre éditeur[6]. Mais actuellement cette série finlandaise, reprise par Albin Michel après Sindbad, est devenue l'objet du plus grand nombre de thèses qu'on me propose sur cet auteur trop longtemps connu seulement à travers la trilogie « Algérie ».

C'est probablement grâce à cette dissémination postmoderne, à la disparition non moins postmoderne de la nécessité de témoigner en groupe périphérique contre l'hégémonie supposée d'un Centre, mais aussi grâce à un changement de génération instaurant en quelque sorte la délocalisation, que put émerger au début des années 80 ce qu'on a appelé un temps une « littérature beur », ou une « littérature de la deuxième génération de l'émigration/immigration » : l'incertitude et l'aspect totalement insatisfaisant de la dénomination est bien ici un autre indice de cette dissémination. À la délocalisation géographique correspond une impuissance du langage à désigner sans ambiguïté un objet problématique. Car l'émigration était jusque-là un objet invisible, noyée qu'elle était dans deux discours identitaires symétriques pour lesquels elle représentait l'indicible, l'erreur du discours. La ruine postmoderne des discours identitaires ou idéologiques binaires correspond à l'émergence d'une génération pour laquelle les repères identitaires sont brouillés, et qui s'installe de ce fait dans une dissémination encore plus discursive que géographique. La tentative de rationalisation discursive de Nacer Kettane dans *Le Sourire de Brahim* (1985) développant la nécessité de se dire collectivement dans un tiers-espace, puisque les deux côtés de la Méditerranée sont également décevants, si elle a eu quelque succès avec la création de médias « beurs », fut un échec en littérature, où la conscience de groupe « beur » ou « deuxième génération » n'a jamais pu véritablement prendre forme.

On ne trouvera pas non plus dans cette nouvelle émergence littéraire des années 80 ce thème tragique de la ruine d'un espace d'origine que j'avais développé autour du supplice de la mère entre autres, à propos de la génération maghrébine des années 50. Peut-être simplement parce que cet espace-bannière nécessaire à la scénographie postcoloniale n'existe pas, l'immigration, qu'on le veuille ou non, n'ayant pas d'autre espace que celui de la société dite « d'accueil » ? Si personnage sacrifié il y a dans cette nouvelle émergence, c'est au contraire le père, central entre autres dans

---

[6] L'ironie du sort voulut que ce fût chez Sindbad, c'est-à-dire chez un éditeur « spécialisé » sur le Monde Arabe…

toute l'œuvre d'Azouz Begag. Mais ce père est plus que la mère le symbole d'un discours identitaire fêlé[7], qui dès lors ne peut plus proposer d'espace-bannière pour cette « scénographie » que développe la théorie postcoloniale. D'ailleurs la perception de cette littérature « de la deuxième génération » dans les pays maghrébins, toujours contrite, est révélatrice de la faillite des discours identitaires binaires qu'elle représente, et dès lors de l'absence de cette conscience de groupe nécessaire à la scénographie postcoloniale.

La dissémination des écritures « beur », les jeux ironiques avec les discours convenus qu'y pratiquent des écrivaines comme Farida Belghoul titrant son roman *Georgette !* (1986), ou Tassadit Imache titrant les siens *Le Rouge à lèvres* (1988), *Une Fille sans histoire* (1989), ou même *Le Dromadaire de Bonaparte* (1995), et que pratiquaient déjà Mehdi Charef avec *Le Thé au Harem d'Archi Ahmed* ou même Azouz Begag avec son célèbre *Le Gone du Chaâba* (1986) montrent à l'évidence l'incongruité qu'il y aurait à parler d'une « littérature de la deuxième génération » en tant que littérature émergente perçue comme un groupe littéraire, au sens par exemple que nous avions donné à ce terme autour de la revue *Souffles*. L'intérêt théorique de cette émergence qui ne répond plus aux normes que j'avais moi-même avancées pour décrire une littérature émergente en tant que telle, est qu'elle oblige à inventer une lecture nouvelle : lecture de textes qui ne peuvent être perçus collectivement qu'à travers des critères qui sont tous refus d'une identification collective. Et pourtant le phénomène éditorial est là devant nous. Mais il fait échec à la scénographie postcoloniale, qui suppose une conscience de groupe.

Cette « deuxième génération » qui n'en est pas une, du fait sans doute de l'époque dans laquelle elle s'inscrit et qui permet son surgissement, affiche la ruine postmoderne d'un sens politique univoque, qui serait fondé sur une opposition binaire avec un adversaire ou un Centre. Il n'y a plus de rupture binaire, ni dans le signifié, ni encore moins par le signifiant, lequel s'avère le plus souvent transparent. Or cette ruine du sens politique, ou politico-littéraire, est peut-être aussi celle plus globale du sens : celle de tous les systèmes d'explication binaire, qu'ils soient idéologiques ou même

---

[7] Son langage décalé est d'ailleurs l'objet dans la même année 1986 d'un « Lexique des termes bouzidiens » dans *Le Gone du Chaâba* d'Azouz Begag, et celui de l'amour de sa fille dans *Georgette !* de Farida Belghoul. Le père est d'abord l'être du langage, dont la fêlure est tragique, alors que pour le sacrifice des mères chez Mammeri c'est la beauté toute neuve de leur chant qui l'est. On pourrait également opposer le langage triomphant du « seigneur » dans *Le Passé simple* de Chraïbi, et la maîtrise par le père du langage de ses fils dans *La Répudiation* de Boudjedra, à la dislocation tragique de ce langage paternel dans les romans de l'émigration.

religieux. De même que les discours idéologiques binaires sont en faillite devant l'impensable pour eux de l'émigration-immigration, de même ils le sont encore plus devant la violence proprement in-sensée en Algérie dans les années 1990 : il y a longtemps qu'on ne peut plus attribuer cette dernière au seul fanatisme islamiste, qui se réclamerait si tel était le cas d'une logique horrible certes, mais compréhensible dans des schémas binaires d'explication du monde. La violence in-sensée en Algérie, à laquelle se consacrent dans ces années 90 un ensemble de textes qu'on pourrait ici rapprocher de ceux de la « deuxième génération » qui n'en est pas une, rejoint alors ce thème qui traverse toute l'œuvre de Dib, surtout depuis *Habel* ou *Les Terrasses d'Orsol*, ou encore *Le Sommeil d'Ève* (1989) ou *Le Désert sans détour* (1992), du sens qui s'absente, et au-delà, des pouvoirs ou de l'impuissance de la parole. On débouche ainsi sur un nouveau tragique, reposant non plus seulement sur le sacrifice d'un monde ancien représenté par la mère, mais sur le sacrifice du langage lui-même en ses pouvoirs. C'était déjà la grandeur de Rodwan affublé d'une boîte de conserve vide en guise de couronne sur le dépôt d'ordures où il débouche comme sur une scène dans *La Danse du Roi* (1968) de Mohammed Dib encore, et avant l'heure même du post-modernisme cette fois. Et c'est encore celle des titres de romans de Yasmina Khadra comme *Les Agneaux du Seigneur* (1998) ou *À quoi rêvent les loups ?* (1999), ou, parmi d'autres, le titre du roman de Mohamed Kacimi *Le Jour dernier* (1996) : le sacrifice tragique est ici celui d'une écriture impuissante à dire le sens de l'horreur comme à la condamner. La ruine tragique cette fois n'est plus celle d'un espace envahi par un langage conquérant : elle est celle de ce langage lui-même, auquel elle confère précisément sa sauvage beauté. Elle est celle en tout cas de tout système d'explication, et en particulier de la théorie post-coloniale.

En guise de conclusion
Les concepts de modernité, de post-modernité et surtout de tragique ont donc pu servir ici à relativiser l'apport cependant évident de la théorie post-coloniale pour étudier des littératures issues comme les littératures du Maghreb d'espaces anciennement colonisés, ou encore d'espaces aphasiques comme celui de l'émigration-immigration. Liés l'un et l'autre à une inscription historique : celle-là même dont la théorie post-coloniale revendique une plus grande prise en compte, ces trois concepts permettent cependant d'évaluer l'inscription historique de la théorie post-coloniale elle-même, qui si elle succède chronologiquement à la réflexion des philosophes du post-modernisme comme Lyotard, n'en représente pas moins à mes yeux, entre autres par sa référence à Fanon ou à Memmi, une sorte de retour à une perception idéologique binaire de la relation discursive, là où le post-modernisme se réclame au contraire de la dissémination et de

la perte du binaire dont notre époque nous donne maints exemples. Dès lors la seule période, dans la littérature maghrébine, qui pourrait satisfaire à l'analyse par cette théorie post-coloniale serait celle des années 70. Pourtant j'ai montré que ces années 70 relèveraient davantage de ce que Baudrillard entend par la modernité, et que le retour du référent et la perte du sens dans les décennies suivantes, échappent à cette analyse somme toute bien idéologique, au sens où on pouvait l'entendre dans les années 1960. N'est-il pas temps de s'interroger sur l'historicité de la Théorie postcoloniale, qu'elle-même semble ignorer ?

Quant au tragique, il me semble encore plus pertinent ici par son adaptation fine à des périodes historiques précises et différentes. Il permet ainsi de dépasser les lectures idéologiques centrées sur une supposée « assimilation » de Feraoun ou Mammeri, pour montrer au contraire, toute opposition binaire dépassée, que l'émergence littéraire repose sur une perte, et non sur cette « affirmation forte de l'espace d'énonciation » que postule la théorie post-coloniale à propos de la description anthropologique prêtée elle aussi à tort aux premiers romans maghrébins. Mais il permet également plus près de nous de rendre compte de la perte du sens et des pouvoirs du langage face entre autres à la violence aveugle en Algérie, perte du sens et des pouvoirs du langage qui fut aussi, on l'a vu, l'obsession constante de celui que je considère sans doute comme le plus grand écrivain maghrébin, Mohammed Dib.

Charles Bonn
Université de Lyon

Références

Begag, Azouz (1986) : *Le Gone du Chaâba*. Le Seuil, Paris.
Belghoul, Farida (1986) : *Georgette*. Barrault, Paris.
Ben Jelloun, Tahar (1976) : *La Réclusion solitaire*. Denoël, Paris.
Bonn, Charles (1985) : *Le Roman algérien de langue française*. L'Harmattan, Paris.
Boudjedra, Rachid (1969) : *La Répudiation*. Denoël, Paris.
Boudjedra, Rachid (1975) : *Topographie idéale pour une agression caractérisée*. Denoël, Paris.
Charef, Mehdi (1983) : *Le Thé au Harem d'Archi Ahmed*. Le Mercure de France, Paris.
Chraïbi, Driss (1954) : *Le Passé simple*. Denoël, Paris.
Chraïbi, Driss (1955) : *Les Boucs*. Denoël, Paris.
Chraïbi, Driss (1967) : *Un Ami viendra vous voir*. Denoël, Paris.
Chraïbi, Driss (1975) : *Mort au Canada*. Denoël, Paris.
Dib, Mohammed (1968) : *La Danse du Roi*. Le Seuil, Paris.
Dib, Mohammed (1977) : *Habel*. Le Seuil, Paris.
Dib, Mohammed (1985) : *Les Terrasses d'Orsol*. Sindbad, Paris.

Dib, Mohammed (1989) : *Le Sommeil d'Ève*. Sindbad, Paris.
Dib, Mohammed (1992) : *Le Désert sans détour*. Sindbad, Paris.
Farès, Nabile (1972) : *Le Champ des Oliviers*. Le Seuil, Paris.
Feraoun, Mouloud (1976 [1953]) : *La Terre et le sang*. Seuil, Paris.
Imache, Tassadit (1988) : *Le Rouge à lèvres*. Syros, Paris.
Imache, Tassadit (1989) : *Une Fille sans histoire*. Calmann-Lévy, Paris.
Imache, Tassadit (1995) : *Le Dromadaire de Bonaparte*. Actes Sud, Arles.
Kacimi, Mohammed (1996) : *Le Jour dernier*. Stock, Paris.
Kateb, Yacine (1956) : *Nedjma*. Seuil, Paris.
Kateb, Yacine (1966) : *Le Polygone étoilé*. Seuil, Paris.
Kettane, Nacer (1985) : *Le Sourire de Brahim*. Denoël, Paris.
Khadra, Yasmina (1998) : *Les Agneaux du Seigneur*. Julliard, Paris.
Khadra, Yasmina (1999) : *À quoi rêvent les loups ?* Julliard, Paris.
Khatibi, Abdelkébir (1971) : *La Mémoire tatouée*. Denoël, Paris.
Mammeri, Mouloud (1952) : *La Colline oubliée*. Plon, Paris.
Mammeri, Mouloud (1992 [1952]) : *La Colline oubliée*. Folio, Paris.
Memmi, Albert (éd.) (1964) : *Anthologie des écrivains maghrébins d'expression française*. Présence africaine, Paris.
Senghor, Léopold Sédar (éd.) (1948) : *Anthologie de la nouvelle poésie nègre et malgache de langue fançaise*. PUF, Paris.

De la littérature francophone à la « littérature-monde » en langue française : éloge de l'oiseau migrateur

par
Alain MABANCKOU

> *L'oiseau qui ne s'est pas envolé de l'arbre sur lequel il est né comprendra-t-il le chant de son compère migrateur ?*
> (proverbe bembe)

Le 19 mars 2005, je publiai dans les colonnes du quotidien *Le Monde* un article intitulé « *La Francophonie, oui, le ghetto : non* », texte dont le dessein était non seulement de m'interroger sur la place de la littérature francophone dans la création d'expression française mais aussi de proposer – et je n'allais m'en rendre compte que bien plus tard – une définition possible de ce qu'il est convenu d'appeler aujourd'hui *la littérature-monde en langue française*. Entre-temps on a pu remarquer le flou que véhiculait la notion de « francophonie », non pas que celle-ci soit à décrier, mais par l'allusion forcément politique qu'elle sous-tend, et jamais une notion n'avait été aussi contestée, les procureurs les plus impitoyables regardant la francophonie comme la continuation de la politique étrangère de la France dans ses anciennes colonies ! La création est étrangère à ces rapports, et c'est dans cet esprit que je suggérai alors la définition de ce qu'il fallait entendre par « *écrivain francophone* », définition dans laquelle j'englobais également, sans tergiversations, l'écrivain français – et il suffirait de la replacer, *mutatis mutandis*, dans le contexte et l'esprit de la réflexion actuelle pour apercevoir en arrière-plan le portrait-robot de l'écrivain en langue française confronté au monde :

Être un écrivain francophone, écrivais-je, c'est être dépositaire de cultures, d'un tourbillon d'univers. Être un écrivain francophone, c'est certes bénéficier de l'héritage des lettres françaises, mais c'est surtout apporter sa touche dans un grand ensemble, cette touche qui brise les frontières, efface les races, amoindrit la distance des continents pour ne plus établir que la fraternité par la langue et l'univers. La fratrie francophone est en route. Nous ne viendrons plus de tel pays, de tel continent, mais de telle langue. Et notre proximité de créateurs ne sera plus que celle des univers.

Il faut se rappeler que pour en arriver à une telle conclusion, je partais du constat qu'il nous était proposé une vision exclusive de la création littéraire en langue française. Le modèle achevé – et donc intouchable – étant la littérature française, forte et fière de sa longue tradition des Lettres, de ses différents courants, de ses prix littéraires d'automne, de ses illustres noms d'auteurs, de ses prestigieuses maisons d'édition parisiennes. Les littératures « périphériques » d'expression française devaient graviter autour de ce noyau. Dans ces conditions, même lorsque certains espaces francophones révélaient un dynamisme littéraire indéniable – comme au Québec ou à Bruxelles –, avec pourtant des maisons d'édition importantes, des aides variées à l'édition et une presse littéraire significative, Paris demeurait plus que jamais le centre, l'unité de mesure.

Cette prééminence de la Ville Lumière n'est pas nouvelle. On la constate aussi à l'intérieur même de la France. En effet l'écrivain « provincial » français n'est pas mieux loti que le francophone : il est aussi vu par la place parisienne comme un « local », comme un auteur du « terroir », avec ce que cela comporte de ricanements sous cape. Il existe d'ailleurs des associations de littérature du terroir, des salons dans lesquels le livre côtoie le foie gras, les tapenades ou les pots de confitures. Et il n'est pas étonnant d'y croiser un auteur parisien venu juste pour la journée, le temps de montrer à ses collègues « du terroir » qu'il a, lui, réussi à se faire un nom à Paris. Est-ce cela qui alimenta jadis le désespoir, voir « l'agonie » de Lucien Chardon (alias Lucien de Rubempré) dans *Illusions perdues* de Balzac ? On sait que ce personnage débarqua à Paris avec l'intention d'atteindre une gloire littéraire et dut faire face aux difficultés d'un milieu très fermé avant de retourner dans sa terre natale, à Angoulême, avec l'idée du suicide dans la tête. Mais nous ne sommes certes pas des personnages d'une « comédie humaine », nous sommes les enfants de la *littérature-monde en français* !

Le chemin aura été long. En fait, lorsqu'on regarde de près ce phénomène de l'hégémonie parisienne, surtout en ce qui concerne les auteurs originaires de l'espace francophone, on en arrive au constat que cette hiérarchisation n'est pas imputable uniquement à la France, encore moins à la vanité ou au mépris que manifesteraient les auteurs ou les éditeurs français à l'égard de ces écrivains venus d'ailleurs. Ces derniers ont une grande part de responsabilité. Ils affichent de manière presque *naturelle* un complexe d'infériorité au point qu'une bénédiction dans leur propre contrée demeure, pour eux, un épiphénomène, un sacre local, une distinction qu'ils estiment inopposable aux Lettres françaises. La réussite littéraire, toujours à leurs yeux, est concrétisée par l'adoption plénière faite par les Lettres françaises : l'auteur de l'espace francophone ne commencerait à exister que lorsque la place parisienne tout entière lui aura décerné un passeport.

Du coup, le regard de la France sur ces littératures fut d'ordinaire marqué par une espèce de condescendance. C'est aussi en France qu'allait s'opérer la mutation, le rapprochement de nos univers. Des salons du livre seront tournés vers « le monde en français », et celui d'Étonnants Voyageurs sera parmi les précurseurs. Ainsi, certains auteurs francophones qui ne s'étaient jamais rencontrés dans leur pays vont se côtoyer à Saint-Malo ou à Bamako et comprendre que quelque chose est en train de naître, ou plutôt de se confirmer – parce qu'il ne s'agit en fait pas d'une naissance, mais d'un constat d'une réalité à laquelle nous n'avions pas prêté attention. Peu à peu une autre image allait s'imposer, et des préjugés. Et nous avions professé la séparation, un espace divisé en deux. Qui n'a pas lu un jour des « compliments » du genre : « *un des auteurs francophones les plus importants* », « *un des auteurs les plus importants du continent africain qui manie notre langue avec brio* », « *une des voix majeures de la littérature francophone* » ou encore « *un des auteurs québécois de premier plan* », « *le Voltaire africain* », « *le Céline tropical* ». Et, parfois, on lâchera d'un air satisfait et ragaillardi que ces auteurs « qui ont un accent » enrichissent, sauvent « notre » langue française, et donc contribuent au « rayonnement » de celle-ci dans le monde au moment où la langue anglaise serait en train de tout écraser sur son chemin. Serait-ce alors l'affirmation que l'auteur « franco-français » ne contribuerait pas à l'éclat de « sa » langue dans le monde et qu'il y aurait « *péril en la demeure* » face à cette rude « *concurrence déloyale* »[1] comme l'aurait chanté Brassens ?

Au fond, dire d'un auteur francophone qu'il enrichit ou sauve la langue est loin d'être un compliment. De tels propos installent un lien de subordination : les lettres francophones ne sont vues que sous l'angle de leur *utilité*, de ce qu'elles apportent à la langue française. On leur dénie toute autonomie, tout projet esthétique détaché de cette mission encombrante de médecin de guerre qui soigne les plaies d'une langue enlisée dans son affrontement aveugle contre l'ennemie bien désignée : la langue anglaise. Ces arguments ne tiennent plus la route, et leur commerce est en cours de liquidation judiciaire pure et simple. Le déclin de la langue française est

---

[1] Georges Brassens, *Concurrence déloyale,* titre inclus dans l'album *Supplique pour être enterré à la plage de Sète*, Philips, 1966.

une « *idée de fakir et de moine* », pour reprendre Sartre évoquant la « *pureté* » dans *Les Mains sales*. En quoi la langue française aurait-elle besoin d'un service de sécurité, des veilleurs de nuit ? Et pourquoi serait-ce uniquement aux auteurs venus d'ailleurs d'exécuter cette besogne de subalterne ? La vérité est là, indubitable : aucune littérature ne peut se contenter d'un rôle d'officier d'ordonnance. On n'écrit pas pour *sauver* une langue, mais justement pour en *créer*…

La critique consolide donc un schisme. Bien malgré elle, elle ne conçoit à aucun moment que « ces voix d'ailleurs », ces voix qui nous arrivent sans « l'obstacle » de la traduction, ne soient en fait que des éléments d'un espace plus vaste – dans lequel on retrouve également les écrivains français –, d'un espace où la langue française serait le dénominateur commun, les univers ne servant qu'à façonner nos tempéraments et à souligner nos expériences en tant qu'individus.

La séparation créée par la réception du texte francophone cause des dégâts dans la chaîne de la circulation du livre : dans l'esprit de beaucoup, la littérature francophone est une *littérature étrangère*, et c'est d'ailleurs ainsi que beaucoup ont souvent qualifié ma production. Dans la « géographie littéraire » et les rayons de librairie, je serais logé à la même enseigne que les « étrangers » tels Luis Sépulveda, Mario Vargas Llosa, Orhan Pamuk ou Arturo Perez Reverte. Remarquez, une aussi prestigieuse compagnie ne me déplairait guère ! Seulement, voilà, ces auteurs de « littérature étrangère » ne partagent pas la langue française avec moi. En eux j'admire l'univers, l'imaginaire, l'imagination, la folie créatrice – et lorsque je jubile devant la beauté et la force de leur langue comme pour Gabriel Garcia Marquez, il s'agit, « hélas », tout de même, d'une lecture en traduction française.

C'est ainsi qu'on ne saisira jamais assez la nuance que j'évoque concernant mes rapports avec les écrivains qui viennent du même continent que moi. Entre le Nigérian Wole Soyinka et le Français Louis-Ferdinand Céline, par exemple, un des deux est pour moi un « étranger ». Et ce n'est surtout pas Céline que j'ai lu dans le texte, mais Soyinka que j'ai découvert par la voie détournée de la traduction. On pourrait polémiquer sur le fait que Soyinka et moi « possédons » l'Afrique ou sommes « possédés » par l'Afrique, notre continent, notre terre natale. Il s'agirait là d'un autre débat, et une telle conception « continentale » des Lettres a longtemps nui à l'intelligibilité de l'Art et à son indépendance. L'Afrique, vaste continent, enchevêtrement de cultures, affiche une telle complexité qu'on pourrait dénicher deux écrivains d'un même pays qui seraient « étrangers » l'un de l'autre ! Étrangers dans leur vision du monde, étrangers dans leur manière d'entendre le chant de l'oiseau, étrangers dans leur façon d'aller à la rencontre de l'Art. Et c'est là précisément qu'intervient la *littérature monde*, celle qui fonde les complicités au-delà des continents, des nationalités, des catéchismes et de l'arbre généalogique pour ne retenir que le « clin d'œil » que se font soudain deux créateurs que tout semblait éloigner dès le départ ...

Qu'est-ce à dire alors ?

Eh bien, il s'agit de rappeler que le monde bouge, que les cultures se croisent, que l'heure est à l'inventaire de nos propres connaissances, et surtout à l'inévitable interrogation qui ne cessera de nous hanter, de nous obnubiler tant que nous ne nous serions pas prononcés : qu'apportons au monde, ou que devrions-nous apporter au monde, nous autres écrivains qui avons en partage la langue française ? La réponse à cette question traduira notre posture à venir. Y répondre c'est entamer l'édification d'une forteresse. S'y dérober c'est continuer à entendre la chronique annoncée de notre défaite devant le grondement du monde...

La fratrie littéraire se nourrit de plus en plus de la *disparité*. Des liaisons – j'allais dire des connivences – éclatent au grand jour : un écrivain congolais se sentirait par exemple plus proche d'un auteur mauricien, djiboutien, colombien ou italien que d'un auteur de sa propre contrée. Cet écrivain congolais aura fait le « voyage en littérature », il aura survolé, toutes ailes déployées, des territoires et écouté les échos les plus variés qui soient. L'expérience de cette mobilité engendrera forcément un autre regard sur sa création :

> Ce que l'on écrit on ne peut le puiser que dans sa propre expérience. Tout dépend de l'acharnement avec lequel on s'efforce d'extraire de cette expérience la dernière goutte, douce ou amère, qu'elle soit susceptible de fournir. C'est là la seule préoccupation de l'artiste : recréer, à partir du désordre de la vie cet ordre qui est l'art. (Baldwin 1973, p. 14)

En l'occurrence, pour l'écrivain originaire d'Afrique comme moi, toute la difficulté est de reconsidérer sa position, le poids qu'il porte d'une mission souvent nuisible à son épanouissement, parce qu'on lui aura pendant longtemps expliqué que la littérature était une rébellion qui ne pouvait prendre sa source que dans la communauté. Partant de là, tout écrivain africain deviendrait un greffier du « passé », et rares sont ceux qui entreprennent d'écrire le présent ou d'inventer l'avenir. Les lamentations ne sont pas loin, et, avec elles, cette anémie qualifiée par certains « d'afropessimisme ». Une telle littérature est circonstanciée, et c'est sans doute contre elle que s'insurge Derek Walcott :

> Et leurs poèmes se sont confinés dans la lamentation, leurs romans dans la propagande, comme si un pardon général demandé au nom du passé pouvait se substituer à l'imagination, pouvait les tenir quittes de l'exigence du grand art. (Walcott 2004, pp. 15-16)

Jamais il ne sera question d'abandonner son être ou de le vendre aux enchères publiques. Je suis conscient et plus que convaincu que c'est en partant du « local » qu'on atteint le monde, *l'universel* que le Larousse définit comme « ce qui concerne l'Univers, le Cosmos », « ce qui s'étend sur toute la surface de la Terre », « ce qui embrasse la totalité des êtres et des choses ». Cette dernière définition étant la plus proche du sens latin du mot *universel*, *Universus*, et qui veut simplement dire : *tout entier* !

De ce fait, aucune autorité quelle qu'elle soit ne devrait s'arroger le droit de décréter ce qui relèverait de l'*universel* et de ce qui n'en relèverait pas. L'universalité est le constat que nous faisons de l'état de notre intelligence, de nos rencontres et du mélange de nos cultures. Par conséquent, l'universel formant un tout, il n'y a plus d'universel lorsqu'il manque à cette totalité les éléments qui, réunis les uns aux autres, forment un ensemble *disparate* mais *cohérent* ! Au fond, et on le sait déjà, l'universalité « c'est le local moins les murs ». Faut-il rajouter que *la littérature monde en langue française* devrait s'inscrire dans cette démarche ?

Il reste que, pour en terminer avec l'auteur africain – puisque, rappelons-le encore, j'en suis un et que la charité bien ordonnée commencera toujours par soi-même : dans son cas donc, l'itinéraire individuel n'a souvent pas de place, cela est vu comme un reniement. Cet auteur n'écrit donc que par mandat, par délégation. Il doit en quelque sorte rendre compte à la communauté, et dans la plupart des cas la communauté décrète que son action est incomplète, insuffisante : *on ne peut contenter tout le monde et son père*, aurait conclut La Fontaine.[2]

Cette épine, le « descendant africain » James Baldwin que nous venons déjà de citer l'avait ressentie et soulignait en son temps :

> Donc, pour moi, la difficulté d'être un écrivain noir venait de ce qu'en fait les terribles exigences et les risques très réels de ma situation sociale m'interdisaient d'examiner ma propre expérience de très près. (Baldwin 1973)

La *littérature monde* est le concert de la multiplicité d'*expériences*, la reconnaissance de la force de l'art dans ce qui apparaît comme « *le désordre de la vie* ». Elle part du constat qu'il nous faut désormais imaginer l'écrivain dans sa *mobilité* et dans l'influence que suscite en lui l'émerveillement de ce qui ne vient pas nécessairement de son univers. Certes, il ne s'agit pas de proposer une littérature de rêve, encore moins de décréter que la seule création qui vaille est celle qui s'éloigne de son propre univers, exalte un ailleurs lointain pour finir par s'autodétruire à force de ne pas avoir un point d'ancrage. Nous risquerions alors de réveiller les vieux démons de l'exotisme. La littérature monde en langue française est la reconnaissance

---

[2] Jean de La Fontaine, *Le Meunier, son fils et l'Ane*, Fables (III, 1).

et la prise de conscience de notre apport à l'intelligence humaine, avec cet outil qu'est la langue française, cet outil que beaucoup ont hérité de manière conflictuelle, d'autres par choix, d'autres encore parce que leurs ancêtres étaient des Gaulois – mais faut-il passer notre existence à accuser le passé ou à bâtir un avenir ? Notre tâche est de suivre la marche de cette littérature monde en langue française, de tracer sommairement ses contours, de la regarder dans un ensemble plus étendu, plus éclaté, plus bruyant, c'est-à-dire *le monde*. L'idée du voyage sera alors essentielle, et peut-être sera-t-elle notre salut si nous souhaitons éloigner une conception étriquée du monde, une vision approximative du « chaos de la vie » qui défie sans cesse l'intelligence humaine et questionne notre volonté de vivre ensemble. Car il s'agira en tout temps et en tout lieu de prendre conscience de notre « *incompétence* », comme dirait le romancier J.-M. G. Le Clézio. Et nous aussi, nous avons eu la soif de ce continent invisible, « mais qui n'était invisible que parce que nous étions aveugles » (Le Clézio 2006, p. 133).

Alain Mabanckou

Références
Baldwin, James (1973) : *Chronique d'un pays natal.* Gallimard, Paris, coll. 'Du Monde entier'.
Le Clézio, Jean-Marie G. (2006) : *Raga. Approche du continent invisible.* Seuil, Paris.
Walcott, Derek (2004) : *Café Martinique.* Anatolia Le Rocher, Paris.

Le cinéma du pays de la neige devient pluriculturel[1]

par
Daniel CHARTIER

Depuis les années 1960, le cinéma québécois occupe, au sein du champ culturel, une place déterminante, à la confluence de plusieurs paramètres ; il s'est notamment ouvert aux courants du pluralisme culturel et de la redéfinition de l'identité. Les œuvres contemporaines ont cessé de représenter « l'autre » sous la figure de l'Anglais dominateur et mesquin pour plutôt introduire des personnages variés (juifs, palestiniens, norvégiens, français, allemands) qui s'inscrivent dans une représentation d'un métissage culturel qui permet d'ouvrir de nouvelles pistes d'interprétation. Parmi les symboles unificateurs et distinctifs de ces films, on note l'utilisation esthétique de l'hiver et de la neige, qui apparaît tour à tour, selon les époques, comme une différence vis-à-vis la France (dans les années 1960), puis comme un symbole identitaire, hors des courants nationalistes, qui unit les personnages nés au pays aux personnages immigrants (dans les années 1990). L'objectif de cet article est d'examiner comment les œuvres

---

[1] Cet article s'inscrit dans le cadre d'un projet de recherche sur « La constitution et la réception d'un imaginaire nordique comparé dans la littérature québécoise », financé par le Fonds québécois de recherche sur la société et la culture (FQRSC), le Conseil de recherche en sciences humaines du Canada (CRSH) et l'Université du Québec à Montréal. Il est rendu possible grâce à des recherches menées au sein du Laboratoire international d'étude multidisciplinaire comparée des représentations du Nord. Cet article est une version modifiée d'une conférence prononcée lors du colloque *La Journée de la francophonie* à l'Université de Copenhague (Danemark), le vendredi 19 mars 2004.

marquantes du cinéma québécois contemporain peuvent se comprendre dans une perspective pluriculturelle et de voir comment certains symboles identitaires liés à la nordicité en ont modifié l'interprétation et le contexte d'insertion.

Cette analyse s'inscrit dans un cadre méthodologique qui vise à réexaminer l'histoire contemporaine du Québec selon deux perspectives complémentaires. La première vise à rendre compte, notamment en études littéraires, du pluralisme fondateur de la culture québécoise ; la seconde tend à établir des liens entre les différentes cultures du Nord, c'est-à-dire, dans le cas du Québec, à le comprendre non plus seulement comme une culture nord-américaine et de langue française, mais aussi comme une culture nordique contemporaine. À cet égard, le Nord est défini en fonction de paramètres esthétiques et intertextuels qui conduisent à un certain détachement des référents purement géographiques au profit d'une démarche comparatiste culturelle qui vise à valider les conditions qui puissent permettre de définir, reconnaître et construire une œuvre et une culture du Nord. Ces conditions touchent tant aux notions d'isolement, de souffrance et de solidarité qu'à des figures récurrentes (l'explorateur, le chasseur, le missionnaire, l'Inuit, le viking) et des éléments narratifs (l'impossibilité de l'inaction, l'intertextualité) et esthétiques (l'opposition des luminosités, l'insistance sur le noir, le gris, les pastels bleus, roses et violets, l'économie et la pureté des formes). L'une des particularités du Nord fait qu'il se construit comme un système discursif, intertextuel et interculturel qui traverse les différentes énonciations, tant dans l'histoire – du mythe de Thulé à l'ère contemporaine – que dans les genres qui le convoquent (relations d'exploration, romans, poésie, cinéma, arts visuels, publicité, graphisme, etc.). Au sein de l'ensemble de ces discours, les œuvres cinématographiques occupent une place à part, puisqu'elles apparaissent comme un lieu de convergence identitaire et esthétique, jouant tant sur la narration que l'esthétique visuelle, tant sur les codes de la culture restreinte que de la culture populaire.

Dès les véritables débuts du cinéma québécois, dans les années 1960, les œuvres cinématographiques laissent une grande place aux problématiques de l'hivernité et de la nordicité, qu'elles allient à des personnages multiethniques ou immigrés qui jouent un rôle déterminant dans la constitution d'un nouveau discours identitaire. Le discours sur le Nord arrive ainsi à établir un lien entre deux paradigmes identitaires qui s'opposent pourtant fondamentalement au Québec : le paradigme « canadien » ou « canadien-français » d'avant la Révolution tranquille de 1960 et le paradigme « québécois » alors en émergence, fait de revendications culturelles et politiques autonomistes et sociales. Le premier discours convoque certes l'hivernité et la nordicité, mais dans un contexte traditionaliste, alors que le second y voit une expérience identitaire qui distingue (pour le domaine francophone) de la France et qui rassemble (pour le Québec) les différents apports interculturels de la société.

Le pluriculturalisme fondateur de la culture québécoise
La culture et l'identité québécoises de la fin du XXᵉ siècle sont fortement caractérisées par une prise de conscience de leur pluralisme culturel. En littérature, cette dernière se manifeste par l'émergence, à partir du début des années 1980, d'un courant littéraire marqué par les problématiques de l'exil, de la migration et de l'identitaire. Le poète québécois d'origine haïtienne Robert Berrouët-Oriol a nommé ce courant littéraire « les écritures migrantes » (Berrouët-Oriol 1986/1987, p. 20). Ce mouvement, qui reprend et travaille les thématiques de l'identité, de la mémoire, de l'altérité, de la culture immigrée et de l'hybride, est apparu à la confluence de plusieurs phénomènes intellectuels et sociaux, dont l'influence du postmodernisme, des changements aux lois de l'immigration, la prise en compte de la nécessité démographique de l'immigration pour le maintien de la vitalité du Québec et finalement l'émergence d'une définition civique de la citoyenneté québécoise.

Ces phénomènes ont été considérés comme un déplacement fondamental des paradigmes de l'identité et de la vie culturelle au Québec, qui ont conduit à la nécessité d'un réexamen de toute l'histoire, en portant une grande attention aux notions de frontières et de marges, lesquelles définissent de manière particulièrement sensible, notamment dans les cas américains (Chartier 2001, pp. 169-177), les limites du territoire culturel national. Si le phénomène de la fin du XXᵉ siècle a surpris les critiques, ce n'est pourtant pas parce que celui de l'immigration est nouveau dans la culture du Québec. Un bon nombre des grands auteurs et artistes québécois sont nés à l'étranger, dont Louis Hémon, Marie Le Franc, Naïm Kattan et Émile Ollivier. Pour la littérature, la publication du *Dictionnaire des écrivains émigrés au Québec* (2003) a permis la recension de plus de 600 écrivains qui ont émigré au Québec au cours des deux derniers siècles. L'étude parallèle de la démographie nous apprend que la régularité du flux migratoire caractérise l'immigration au Québec depuis le début du XIXᵉ siècle, à la différence des mouvements migratoires au Canada ou aux États-Unis, qui connaissent des variations significatives selon les décennies. Cependant, on remarque que les changements apportés à la loi canadienne sur l'immigration à la fin des années 1960 commencent à faire sentir leurs effets au début des années 1980 : s'amorce alors une plus grande diversification des pays de naissance des immigrants. Ce qui change, donc, n'est pas tant le nombre d'immigrants que la variété de leur provenance, ce qui a une incidence déterminante sur la conception et l'élargissement des paramètres culturels. Cependant, l'apparition d'un nouveau rapport à l'immigrant apparaît représenté plus tôt au cinéma que dans la littérature.

Le Nord comme symbole identitaire

Dans ce contexte, les caractéristiques nordiques du Québec ont pu jouer un rôle esthétique et identitaire particulier, par lequel on pouvait associer les immigrants, notamment parce que ces caractéristiques sont moins chargées politiquement et historiquement que les symboles nationalistes alors en vogue. De manière méthodologique, notons, concernant la nordicité et l'hivernité aux fins de cette analyse, et de celles que nous menons sur l'imaginaire, que le Nord est d'abord défini comme un discours pluriculturel et variable dans le temps. Ainsi, ce qui est en jeu couvre non seulement la volonté de comprendre la construction du Nord comme un espace mythique et un système discursif inventés et travaillés par les cultures du Sud, mais aussi la nécessité d'articuler à ce discours celui des cultures autochtones et inuit, lesquelles commencent à peine à prendre la parole et à déterminer leur espace culturel. De plus, le mélange d'aspects populaires et d'apports de la culture restreinte ajoute à cette problématique sans empêcher la cristallisation de grands thèmes et figures transcendants qui parcourent différentes énonciations, et qui fondent les prémisses sur lesquelles se basent autant les discours scientifiques et fictionnels que documentaires sur le Nord. Ainsi, le Nord est d'abord et avant tout compris comme un discours culturel appliqué par convention à un territoire donné dont l'épaisseur mythique et discursive dépasse largement les descriptions géographiques, et dont les frontières varient selon les époques. Pour le Québec, l'inscription dans cette réflexion rend possible l'ouverture d'axes de comparaisons jusqu'ici inexploités (notamment avec les cultures scandinaves et les représentations autochtones) qui permettent non seulement de mieux saisir les particularités de figures et de courants fondateurs (le coureur des bois, le régionalisme, le thème de l'hiver, les rapports avec les Autochtones), mais aussi d'ajouter à sa définition nord-américaine de langue française celle de culture nordique contemporaine, à la fois dans sa dimension populaire (films, légendes, etc.) et restreinte (poésie, art visuel, etc.), tout en s'appuyant sur des symboles d'identification et de convergence qui peuvent facilement tenir compte du pluriculturalisme.

Le Nord au cinéma

Sous l'influence des politiques de l'Office national du film du Canada, qui vise dès sa fondation à documenter le pays et à l'illustrer, de nombreux films des années 1940 et 1950 s'intéressent à la dimension nordique du Canada et du Québec, dans une perspective surtout descriptive et folklorique : des scènes de chantiers de bûcherons aux Inuits, des patinoires d'hiver aux grands espaces blancs, les cinéastes reprennent alors les éléments exotiques associés aux territoires canadiens et québécois pour les donner en images. À partir des années 1960 toutefois, sous l'influence de jeunes cinéastes qui forment le courant du « cinéma direct » (Marsolais 1974 [1997]) au Québec, le Nord et l'hivernité deviennent des marqueurs identitaires qui permettent de distinguer le nouveau cinéma québécois de la Nouvelle vague française. Le critique français Dominique Noguez écrit que

> la neige et l'hiver ont été comme les sujets éponymes du cinéma québécois [de la Révolution tranquille], le pensum imposé aux débutants, le tribut qu'ils ont dû payer aux Minotaures de la production pour filmer en liberté – bref, l'occasion de vrais commencements. (Noguez 2000, p. 34)

Pendant une vingtaine d'années, un corpus important de films évoque ainsi l'hivernité, qui se confond parfois avec la « québécité » : il arrive que la neige, la glace et le froid signifient dans les œuvres un attachement au pays qui métaphorise tant le nationalisme, la solitude que l'ouverture du territoire. Des films comme *Le chat dans le sac* (1964) de Gilles Groulx, *La vie heureuse de Léopold Z.* (1965) de Gilles Carle, *Entre la mer et l'eau douce* (1967) de Michel Brault, *Quelques arpents de neige* (1972) de Denis Héroux, *Kamouraska* (1973) de Claude Jutra et surtout, le grand chef-d'œuvre du cinéma québécois, *Mon oncle Antoine* (1979) de Claude Jutra, esthétisent le monde de l'hiver et en font l'un des symboles puissants de l'attachement au pays.

A cette production succède dans les années 1990 des œuvres d'une nouvelle génération de cinéastes qui revisitent le Nord en en provoquant un déplacement de l'usage et des thématiques. Ces films, sous l'influence du pluriculturalisme, joignent souvent l'hivernité aux questionnements identitaires de la migration. Aussi, désormais les territoires nordiques ne sont plus toujours hivernaux : ils représentent des villages éloignés, comme dans *La grande séduction* (2003) de Jean-François Pouliot, des villes où peut se déployer un « réalisme magique », comme dans *La turbulence des fluides* (2002), servent à proposer une relecture historique en fonction des Autochtones, comme dans *Windigo* (1994) de Daniel Bertolino, ouvrent des rapprochements vers une esthétique scandinave, comme c'est le cas de *Maelström* (2000) de Denis Villeneuve, servent de pivot identitaire et poétique qui permet de raconter le drame des immigrants et de la déportation, comme dans *L'ange de goudron* (2001) de Denis Chouinard, ou encore se veulent une fascinante exploration des sources de la mémoire personnelle et collective, aux confluences de l'héritage français, amérindien et immigrant, comme dans *Mémoires affectives* (2004) de Francis Leclerc. Dans certaines œuvres, le rapprochement du symbolisme hivernal et du caractère multiethnique des personnages débouche sur une réévaluation des symboles identitaires qui parcourent et façonnent la culture du Québec.

Personnages immigrants dans le cinéma québécois
Au-delà de la présence traditionnelle de personnages anglais, irlandais et écossais, qui inscrivent une forme négative d'opposition économique et politique envers les Canadiens français, on trouve dès les premières grandes œuvres de la cinématographie québécoise des personnages étrangers qui s'insèrent dans les récits filmiques. Il ne faut donc pas attendre le postmodernisme et l'esthétique des écritures migrantes de la fin du XXe siècle pour trouver les premières évocations du pluralisme, lequel sert parfois d'élément de rupture qui provoque un questionnement identitaire et nationaliste.

Par exemple, le film *Le chat dans le sac* de Gilles Groulx, réalisé en 1964, permet d'évoquer, sous fond de neige, la dissolution d'un couple formé d'une jeune fille juive de langue anglaise et d'un Québécois, qui confondent leurs aspirations sociales et collectives avec leur amour. Dans ce premier extrait, l'hiver sert de toile de fond qui unit les deux personnages et leur permet de se présenter en parallèle.

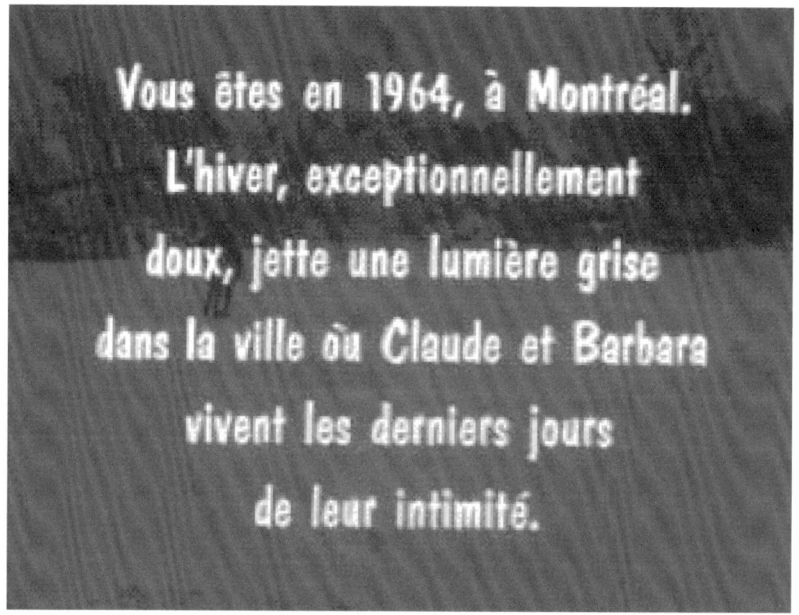

Illustration 1
Gilles Groulx, *Le chat dans le sac*, 1964

Le film s'ouvre d'ailleurs (illustration 1) sur une vignette qui insiste sur la saison (l'hiver), la « lumière grise » du Nord pour représenter la dissolution du couple. Lorsqu'il est évoqué, le Nord se rattache essentiellement au personnage canadien-français, puisque pour Barbara, le Labrador et l'Ungava font office d'objet exotique dans une quête vers l'ailleurs (illustration 2).

Illustration 2
Gilles Groulx, *Le chat dans le sac*, 1964

Au fil du film, l'espoir d'union des deux personnages apparaît illusoire. Du fond de sa retraite, Claude finit par se convaincre que leur désunion était finalement inscrite dans l'histoire : « Au fond, l'attachement que j'avais pour Barbara n'était que le symbole d'une transition. » La femme dont il rêve, et qui reste évanescente tout au long du film, devrait toutefois être issue de la glace, de la neige et de la simplicité des paysages : « Il m'arrive d'imaginer la présence de personnes dont la présence ici n'est pas incompatible avec le contexte. » Cette nouvelle présence issue du territoire est représentée sous la forme d'une patineuse lointaine, perdue dans l'immensité blanche de l'« ici » (illustration 3).

Illustration 3
Gilles Groulx, *Le chat dans le sac*, 1964

Le film de Groulx n'est pas seul à illustrer, par un rapport à l'hivernité, la volonté de recentrement sur le pays. On sait que, parmi les grands symboles de la Révolution tranquille, la chanson « Mon pays » de Gilles Vigneault nous est parvenue comme l'hymne national officieux du Québec. Cette chanson, marquée par la thématique de la solitude, de la neige et du froid, témoigne aussi d'un fort mouvement d'ouverture et d'altérité :

> Ma maison c'est votre maison
> Entre mes quatre murs de glace
> Je mets mon temps et mon espace
> A préparer le feu, la place
> Pour les humains de l'horizon
> Et les humains sont de ma race

Cette œuvre de Vigneault a d'abord eu partie liée avec le cinéma. On retrouve dans les archives de l'Office national du film l'origine de cette chanson dans un film d'Arthur Lamothe intitulé *La neige a fondu sur la Manicouagan* (1965), qui se déroule sur le chantier du premier grand monument de la Révolution tranquille, le barrage hydroélectrique de Manic 5 dans le Moyen Nord québécois. Gilles Vigneault aurait écrit cette chanson pour clore le film, dans un contexte qui s'inspire de la difficile intégration dans un pays de neige, de froid et de solitude. La chanson commence en effet au moment où une femme, qui vit avec son mari dans les chantiers du Nord, n'en peut plus de l'isolement et décide de quitter son mari pour partir vers un Sud plus clément. Toutefois, au moment de l'arrivée de l'avion qui devait l'emporter, elle décide plutôt de rester à la Manicouagan : en soi, le regard de cette femme se veut l'image d'une résignation forte, quoique inquiète (illustration 4), qui représente tant la volonté de vivre dans un pays de neige que celle d'y accueillir ceux qui l'acceptent : la nordicité devient alors un symbole d'intégration et d'appartenance.

Illustration 4
Arthur Lamothe, *La neige a fondu sur la Manicouagan*, 1965

En somme, le cinéma de cette période se caractérise, par son utilisation esthétique de la nordicité, ainsi que par l'amorce de son pluralisme culturel, par une volonté d'attachement et d'appartenance.

La redéfinition de l'identité et la recherche de nouveaux symboles
A partir des années 1980 et 1990, le cinéma québécois revient à une utilisation de l'hivernité et de la nordicité, mais cette fois à la lumière des engagements identitaires postmodernes, qui remettent en question tant l'aspect

linéaire de l'histoire que la définition de la citoyenneté. Après le grand mouvement nationaliste des années 1970 et 1980, le Nord réapparaît ainsi comme un symbole identitaire neutre qui permet de manifester, même pour des immigrants qui ne partagent pas les convictions politiques nationalistes de la majorité francophone, un véritable attachement au pays. Tour à tour, une série de documentaires et de films de fiction présentent alors des personnages pluriculturels, immigrés ou étrangers dans une perspective communautaire : il s'agit alors de revoir l'histoire pour faire une place aux immigrants, principalement chinois, noirs, nord-africains et italiens.

Ce mouvement se veut parfois un retour sur les propositions esthétiques des années antérieures. Par exemple, le documentaire *Tropique Nord* (1994) réalisé par Jean-Daniel Lafond vise une réécriture de l'histoire du Québec en tentant de donner une place aux Noirs. Ce réexamen historique n'exclut pas les dénonciations et, à la manière du film *Le chat dans le sac* trente ans plus tôt, le film établit le portrait socio-économique défavorable, cette fois des Noirs au Québec.

Au-delà de l'aspect politique se manifeste aussi un jeu esthétique sur le fait d'être Noir en pays blanc, jeu que reprendra en 1999 l'écrivain d'origine haïtienne Eddy Garnier avec son roman *Vivre au noir en pays blanc* (Garnier 1999). La narratrice de *Tropique Nord* ouvre ainsi le film :

> Je sais que la première tempête de neige s'est abattue au cours de la nuit sur Montréal. Depuis que je suis au Québec, c'est le même rêve qui me réveille, au matin de chaque hiver. C'est la même peur qui revient. Mon corps est devenu trop noir dans la ville trop blanche. Comme si l'hiver, qui fait le Québécois, faisait d'abord la différence. On te voit Noir. Tu te vois Noir.

Le discours pluriculturel devient complexe quand le rôle du personnage immigré s'inscrit à la fois dans une détermination historique, culturelle et sociale. Par exemple, le documentaire *L'arbre qui dort rêve à ses racines* (1992) de Michka Saäl se propose, dans la période contemporaine, d'interroger les discours sur l'immigration à partir du point de vue des écrivains. Le film analyse ainsi la place des femmes immigrées au Québec, et prend le pari de défendre l'interculture dans ce qu'elle a de plus particulier : une cinéaste d'origine juive parle de son amitié pour une écrivaine d'origine arabe – à Montréal, elles peuvent réfléchir sur le racisme politique et religieux qui les oppose dans leurs pays d'origine, tout en confiant à la caméra leur profonde amitié. Ici encore, le cinéma s'appuie sur l'hivernité pour illustrer l'ancrage du personnage au Québec ; cette hivernité est à la fois réaliste et référentielle, puisque le film évoque une tradition filmique locale dans laquelle la cinéaste s'inscrit, tout en faisant usage de scènes hivernales pour évoquer des rapports de solidarité.

L'hivernité comme symbole identitaire

Si, dans les années 1960 et 1970, les personnages immigrés s'intégraient dans des films où ils signifiaient l'exception, quelques œuvres des années 1980 et 1990 se définissent volontiers dans un contexte communautaire, qui ne fait référence qu'à un groupe immigré ou ethno-culturel. Dans cette perspective, l'une des œuvres les plus remarquables des dernières années demeure *L'ange de goudron* (2001) de Denis Chouinard, qui raconte le débat éthique et moral d'une famille d'immigrants d'origine arabe qui, au moment où ils sont sur le point d'obtenir leur citoyenneté canadienne, constatent que leur fils s'est impliqué dans un mouvement radical de défense des candidats à l'immigration déportés par les autorités. Le film se sert de l'hivernité comme d'un symbole identitaire qui rattache les personnages arabes au territoire et à Huguette, l'amie de Hafid. Des scènes remarquables lient le symbolisme arabe, sa musique et son rythme aux problématiques nordiques de la froideur, de la solitude et de la blancheur. La caméra arrive ainsi à reproduire une ondulation qui rappelle la sensualité de la danse arabe dans le parcours d'une route du Nord ou d'un trajet des personnages sur la glace d'un lac (illustration 5).

Illustration 5
Denis Chouinard, *L'ange de goudron,* 2001

Illustration 6
Denis Chouinard, *L'ange de goudron*, 2001

Le film se clôt sur une synthèse exceptionnelle de ces symbolismes, qui lie dans notre perspective à la fois les questionnements identitaires qui parcourent la culture québécoise et l'émergence d'une symbolique d'appartenance liée à la neige et à la nordicité, pouvant être partagée par tous, sans exclure les débats moraux que ces changements sous-tendent. Dans cette dernière scène, Hafid, poursuivi par les policiers, se retrouve avec les passeports de tous les immigrants visés par la déportation : en les lançant dans les airs, ils se trouvent déchiquetés dans le moteur de l'avion, ce qui empêche leur expulsion du Canada. Libératrice, une neige formée des débris des passeports étrangers le couvre un instant d'un bonheur nouveau, en symbiose avec le territoire (illustration 6). Quarante ans plus tard et dans un contexte pluriculturel, Hafid pourrait reprendre la phrase énoncée par Claude dans *Le chat dans le sac* : « Il m'arrive d'imaginer la présence de personnes ici qui ne soient pas incompatibles avec le contexte. »

Daniel Chartier
Université du Québec à Montréal

Références
Berrouët-Oriol, Robert (1986/1987) : L'effet d'exil. *Vice versa*, 17, décembre/janvier, pp. 20-21.

Chartier, Daniel (2001) : Mouvements migratoires et frontières culturelles du Québec, in : Lintvelt, Jaap & François Paré (éds) : *Frontières flottantes. Lieu et espace dans les cultures francophones du Canada*. Éditions Rodopi, Amsterdam, coll. 'Faux titre', pp. 169-177.

Dictionnaire des écrivains émigrés au Québec (2003). Éditions Nota bene, Québec.

Garnier, Eddy (1999) : *Vivre au noir en pays blanc*. Vents d'Ouest, Hull (Québec), coll. 'Azimuts'.

Marsolais, Gilles (1974) : *L'aventure du cinéma direct*. P. Seghers, Paris, coll. 'Cinéma club', repris sous le titre *L'aventure du cinéma direct revisitée*. Les 400 coups, Laval (Québec), coll. 'Cinéma cinéma', 1997.

Noguez, Dominique (2000) : Petit coup d'œil sur dix ans de cinéma québécois, in : Dvorak, Marta (éd.) : *Cinéma/Canada*. Presses universitaires de Rennes, Rennes (France), pp. 33-45.

Entre magie et historicité :
Un Soir, un train d'André Delvaux

par
Pierre-Philippe FRAITURE

Un cinéma belge ?
Parler de cinéma belge en 2006 est à la fois facile et difficile. La production belge traverse effectivement depuis une petite quinzaine d'années une période faste. De part et d'autres de la « frontière linguistique », une série de réalisateurs se sont taillé, chez les cinéphiles mais aussi dans le grand public et sur la scène internationale, une solide réputation, que l'on songe à des noms tels que Chantal Akerman, Marion Hänsel ou, plus encore, à Benoît Poelvoorde, Jaco Van Dormael, Jean-Pierre et Luc Dardenne ou Lucas Belvaux qui ont tous accédé à la légitimité. En dépit de cette efflorescence, le statut de ce cinéma demeure incertain. On parle de traditions italienne, américaine, française parce que ces cinémas nationaux se sont dotés de fortes institutions qui, en des détours parfois simplistes, sont devenus chez les spectateurs les marques d'un style proprement national et d'une prétendue homogénéité créatrice : le cinéma italien possède Cine Cittá, le film américain est hollywoodien et la France, hôte annuel du Festival de Cannes, est le pays de Truffaut et de Godard. Dans un récent guide touristique, le *Paris, Eyewitness Travel Guides* (Tillier 2006), cette vision simplificatrice se voit ramassée au hasard d'un lapsus éminemment révélateur. Cet ouvrage, par ailleurs fort bien documenté, consacre deux pages au cimetière de Montparnasse et mentionne, par la même occasion, quelques-uns de ses locataires les plus prestigieux : Baudelaire, Gainsbourg, Man Ray, Sartre et Simone de Beauvoir. Au sujet de Jean Seberg, elle aussi inhumée dans ledit cimetière, on y lit que « the Hollywood actress » avait été « chosen by François Truffaut as the star for his [sic] film *À bout de souffle* » (*ibid.*, p. 181). Ce qui importe ici, au-delà de cette erreur factuelle qui n'en est pas vraiment une puisque Truffaut contribua

effectivement au film de Godard, c'est que le cinéma français se vit sur un mode mythologique et possède un panthéon de figures et de lieux qui, en France où ailleurs, contribuent à sa pérennité.

La Belgique, en revanche, ne peut se prévaloir de tels « lieux de mémoire », expression retenue ici dans le sens que lui assigna naguère Pierre Nora. Plusieurs facteurs expliquent cette absence. Contrairement à ses voisins, grands mais aussi petits pays tels que le Danemark, la Belgique observa en spectatrice cette lame de fond créatrice qui secoua le septième art au moment de son éclosion, en dépit, par ailleurs, d'un extraordinaire dynamisme dans les domaines littéraires et plastiques (cf. Aubert *et al.* 2007). Il faut en effet attendre les années 1920 pour assister à l'émergence, toujours timide, d'un essor créatif véritablement national. Cette inspiration se manifeste, schématiquement, chez des réalisateurs qui à l'instar de Charles Dekeukeleire (*Impatience*, 1928), Henri d'Ursel (*La Perle*, 1929), Henri Storck (*Pour vos beaux yeux*, 1929-1930), Pierre Charbonnier (*Ce Soir à huit heures*, 1931) et Ernst Moerman (*Monsieur Fantômas*, 1937), évoluaient dans le sillage du surréalisme et de la mouvance avant-gardiste que la mutiplication des séances dites d'Art et d'essai avait engendrée à Bruxelles, Liège, Gand ou Ostende.

De cette liste, nécessairement lacunaire[1], une grande figure se dégage, celle du réalisateur Henri Storck (1907-1999). Pasionné de peinture – il fréquente James Ensor, Constant Permeke, Leon Spilliaert et devient l'intime de Félix Labisse – cet Ostendais survivra, contrairement à d'Ursel ou Charbonnier pour ne citer que deux exemples, à cette période avant-gardiste et s'imposera comme l'un des fondateurs de l'école documentariste européenne (cf. Vichi 2002). De *Misère au Borinage* (1933), film polémique qu'il réalise en collaboration de Joris Ivens en passant par *Rubens* (1948), *Le Banquet des fraudeurs* (1951), *Les Belges et la mer* (1954), *Paul Delvaux ou les femmes défendues* (1970) ou *Permeke* (1985), Storck n'aura de cesse de révéler, ici en poète, là en ethnographe, non seulement les écueils du capitalisme belge – et en cela son influence sera perceptible dans l'œuvre des frères Dardenne (notamment *Je pense à vous*, 1992), dans tous les documentaires, mais aussi dans le long métrage *Babylone* (1990) de Manu Bonmariage, ou encore dans le dernier long métrage de Lucas Belvaux, *La Raison du plus faible* – mais aussi les spécificités d'un patrimoine artistique et folklorique. Cette exploration est exemplaire car Storck, notamment dans *Fêtes de Belgique* (1969-1972), s'appliquera à mettre en exergue l'homogénéité des pratiques folkloriques flamandes et

---

[1] Pour un catalogue systématique des films belges, voir *Le Cinéma belge* (Thys 1999).

wallones, à un moment où, paradoxalement, le processus de démantèlement politique s'engageait.

André Delvaux

Cette propension à problématiser « l'objet » Belgique, à transcender les clivages linguistico-ethniques – de plus en plus marqués à partir de 1960 – et à contribuer à une conception européenne du cinéma se retrouve aussi dans l'œuvre d'André Delvaux (1926-2002), auteur sur lequel portera cette contribution. Delvaux est comme Storck un passeur de frontières. Francophone mais Flamand, tous ses films se donnent à voir comme autant de tentatives de dire en images, et le plus souvent en français, une Flandre travaillée par les forces antagonistes d'un passé glorieux – comme dans *L'Œuvre au noir* (1988) – et de la rencontre avec l'autre. Dans cette perspective, André Delvaux est bien le continuateur d'une tradition – tradition largement glosée – qui, de Maurice Maeterlinck à Paul Willems en passant par Michel de Ghelderode, s'avère particulièrement féconde dans le domaine littéraire. Dans cette histoire du cinéma belge, Delvaux joue un rôle crucial, non seulement en tant qu'auteur, mais aussi parce qu'il contribue à la mise sur pied de l'Institut National Supérieur des Arts du Spectacle et des Techniques de Diffusion (INSAS), établissement supérieur qui, à côté des deux grandes chaînes de télévision nationales, deviendra vite une pépinière de talents cinématographiques et accèdera ainsi au statut symbolique de « lieu de mémoire » (cf. Mosley 2001, p. 99). C'est par la voie de documentaires, consacrés notamment à Federico Fellini et à Jean Rouch, que Delvaux fourbit ses premières armes en tant que réalisateur à la RTB. Son premier long métrage, toutefois, voit le jour grâce à des fonds que lui alloue la chaîne flamande, la BRT. Ce premier film de fiction, *De Man die zijn haar kort liet knippen* (1965), ou *L'Homme au crâne rasé*, est l'adaptation du roman éponyme de l'écrivain gantois Johan Daisne. Ce qu'il convient de remarquer, c'est que l'œuvre du réalisateur s'effectue souvent sous le signe de ce passage de frontière entre l'imaginaire romanesque et l'image cinématographique, comme, notamment dans *Rendez-vous à Bray* (1971), film tiré de la nouvelle de Julien Gracq « Le Roi Cophétua » ou dans *L'Œuvre au noir*, adapté à partir du célèbre roman de Marguerite Yourcenar. En 1968, c'est encore de l'univers insolite de Johan Daisne que Delvaux tire profit dans son deuxième long métrage, *Un Soir, un train*. Ce film « belge » est coproduit par la Fox et interprété par deux vedettes du cinéma français, Anouk Aimée et Yves Montand (illustration 1).

Illustration 1

Un Soir, un train est, à bien des égards, une transposition littérale de la nouvelle de Johan Daisne, *De Trein der traagheid* (le Train de la lenteur), récit d'une petite centaine de pages qui paraît en 1948. Daisne, alias Herman Thiery, est l'auteur d'une œuvre abondante qui se partage entre le roman, la nouvelle et le journalisme, cinématographique notamment. Il appartient aussi à cette veine, tellement féconde en Belgique, du réalisme magique. Cette mouvance, dans laquelle s'engagèrent des auteurs tels que Jean Ray, Thomas Owen, Jean Muno mais aussi Marcel Thiry, Franz Hellens, Ghelderode ou Guy Vaes, se caractérise, ainsi que son nom l'indique, par un traitement paradoxal de la réalité (cf. Baronian 1984). Le réel apparaît ici sous un aspect décalé et délibérément fragmentaire. La banalité la plus quotidienne, la plus domestique, sert souvent de prétexte, comme dans les *Nouvelles du grand possible* (1958) de Marcel Thiry, au surgissement de ce que Poe, à juste titre, nommait « the unexpected ». Quelle que soit sa forme – insolite ou encore terrifiante – ce surgissement explore, et en cela ce réalisme magique s'inscrit dans une réflexion éminemment moderniste, un espace limite, interstitiel, qui échappe partiellement à la perception, demeure en suspens, perturbe la linéarité narrative et fait entrer le récit dans l'irrésolu. Cet imaginaire constitue un des ancrages les plus visibles de la littérature belge en Europe. Le réalisme magique se rattache, comme certains critiques l'ont montré (Lysøe 1993), effectivement aux traditions romantique et symboliste quoiqu'il soit aussi, chez d'autres exégètes du fait culturel national, le signe d'une Belgique qui ne pourrait se dire qu'« en creux » et la manifestation éditoriale d'une francophonie acculée à se développer dans les genres mineurs.

Un Soir, un train : du livre…

La nouvelle de Daisne participe donc de cette mouvance. Un voyage en train confère au récit son cadre initial. Le narrateur, qui relate son histoire à la première personne, est installé dans un compartiment. Le lecteur apprend qu'il a profité de son seul jour de congé – il travaille dans le musée de « [s]a ville natale » – pour se rendre, comme chaque semaine, « dans une autre ville » afin d'y donner « quelques heures de cours » de littérature et de phonétique et de « faire là-bas les achats ou les visites nécessaires » (Daisne 2003 [1973], p. 24). Ce décor banal, et la banalité tout aussi absolue qui est à l'origine de ce déplacement, acquiert vite des contours insolites. Au moment où le récit s'engage, le narrateur émerge d'un sommeil dont il ne parvient pas à estimer l'exacte durée. Il est aussi surpris de constater que tous les passagers de son compartiment dorment profondément. À l'extérieur, il croit « reconnaître le paysage » qui « [...] avec ses champs, ses labours et ses prés bien nets [...] » lui semble « familier » (*ibid.*, p. 20). Attentif à tous les détails, il s'étonne toutefois « de voir la nuit tomber si tôt » (*ibid.*). Un léger dérèglement s'opère presque imperceptiblement mais, à la faveur du silence ambiant, le narrateur s'enfonce dans une méditation sereine sur le bonheur et la maturité. Ces réflexions l'amènent à établir une analogie entre des phénomènes relevant de la linguistique et de la psychologie. Il compare ainsi le réflexe linguistique dit « inchoatif » (*ibid.*, p. 27), soit une mutation consonantique qui, comme dans la paire de mots doctor – dottore, produit une assimilation régressive, à « l'automatisme psychique » (*ibid.*) tel qu'il fut défini par le psychiatre français Pierre Janet, penseur auquel le narrateur se réfère explicitement. Selon cet automatisme, lui aussi de nature inchoative, une action, à l'inverse de ce qui se produit dans le phénomène de l'inertie, « tend à commencer avant même que nous ne l'exécutions » (*ibid.*). Cette analogie questionne donc un ordre établi et une conception quelque peu déterministe de la causalité. Ces méditations insinuent effectivement qu'il conviendrait de repenser le temps humain, et ces notions supposément discrètes de passé, de présent et d'avenir.

Le roman se présente aussi comme une réflexion sur l'espace. Le train, qui traverse le territoire humain, le segmente en unités discrètes et mesurables, confère à l'histoire un cadre rassurant qui est censé ressortir à une spatialité et à une causalité classique et progressive. Ce train, toutefois, est dans le roman de Daisne le lieu d'un sens qui reste en suspens, d'une trajectoire qui procède au délitement d'une topographie. Le train s'arrête – *unexpectedly* – dans un endroit qui figure l'indétermination, dans un paysage « familier qui caractérise l'Europe d'ouest en est » (*ibid.*, p. 66) un paysage qui, « sous la même latitude, s'étend presque jusqu'aux portes de l'Asie » (*ibid.*, p. 50). Le narrateur, en quête d'une explication – Comment se fait-il que sa montre s'est arrêtée ? À quoi attribuer cette obscurité générale et l'endormissement de tous les passagers ? – descend du train, en compagnie de deux autres hommes. Une errance s'engage alors dans ce *no man's land*. Il s'établit entre les trois compagnons – le narrateur, Val (un jeune étudiant) et le professeur Hernhutter (un vieillard) – un sentiment de connivence filiale ou fraternelle, d'autant plus fort que chacun a l'impression de reconnaître dans les deux autres un alter ego d'âge différent. Ils n'ont ainsi aucune difficulté à reprendre, sous forme d'une conversation, cette méditation – quasi identique dans sa finalité – que chacun d'eux avait poursuivi dans le train. Ce dialogue a également pour objet ce *no man's land* spatio-temporel. Le professeur Hernhutter, en un mouvement qui fait écho aux réflexions du narrateur, remarque que le principe de l'inertie pourrait rendre compte du passage de la vie à la mort : « Supposons que nous appliquions à l'ensemble de la vie cette loi mécanique. Il s'ensuivrait que notre existence se poursuivrait encore un instant dans les avant-ports de la mort […] » (*ibid.*, p. 63). Selon Hernhutter, qui un peu plus loin, et au grand étonnement du narrateur, fait aussi référence au psychisme automatique, cet espace interstitiel est un « premier territoire de recherche » permettant de « considérer et de traiter cet « ailleurs » comme étant un « ici » provisoire, de même que l'ici-bas […] révèle dès à présent quelque chose de cet ailleurs et […] enseigne le sens profond de l'existence » (*ibid.*, p. 64).

Les trois marcheurs arrivent ensuite dans un village qui lui aussi semble « parfaitement banal » (*ibid.*, p. 70), et entrent finalement dans une auberge. Ils s'installent à une table et sont frappés par toute une série de signes insolites qui semblent contraster avec l'apparente normalité du lieu : le personnel et les clients communiquent dans une langue incompréhensible ; nulle horloge ou téléphone ; ni journaux, ni menus ; absence d'étiquette sur les bouteilles qu'ils consomment. Hernhutter émet l'hypothèse selon laquelle, ils se trouveraient « à la limite d'un ailleurs », dans un espace, qui quoique familier, se distingue par la présence de « quelques écarts » (*ibid.*, p. 77), qu'il lit comme autant de signes d'un ici qui se survit dans un au-delà. La fin de la nouvelle confirme cette conjecture. Le narrateur, l'homme mûr du trio – le roman peut se lire comme une méditation sur ce *no man's land*, ou cet espace intermédiaire qu'est la maturité – se réveille dans un « hôtel de campagne » (*ibid.*, p. 102) transformé en infirmerie. On lui annonce qu'il est indemne : « Vous êtes sauvé […]. Vous n'étiez que commotionné. Vous n'avez rien… Le train… » (*ibid.*). Hernhutter, toutefois, a perdu la raison et Val, quant à lui, n'a pas survécu à la catastrophe ferroviaire.

... au film

De cette trame, le film de Delvaux reprend le voyage en train, son arrêt soudain, l'errance des trois protagonistes masculins jusqu'au village et, finalement, la découverte de corps, celui de Val d'abord et, ensuite, celui d'Anne, la compagne du personnage principal, qui, elle aussi, meurt dans cet accident. Le long métrage, contrairement au roman, s'ancre dans une réalité plus explicite dans le sens où cette méditation sur les âges de la vie et sur la mort s'accompagne aussi d'un regard sur la Belgique. Ce pays pourrait aussi se lire comme la résultante territoriale d'un automatisme inchoatif opérant sur le champ historique : jeune encore, cette Belgique présente pourtant tous les symptômes de l'agonie ; sa mort est proprement inchoative puisque c'est dans la vie même qu'elle se manifeste. Le film se penche sur la question linguistique belge et plus spécifiquement sur la scission de l'université de Louvain, événement clé de ce conflit ethnique qui n'a cessé de secouer la Belgique depuis sa création en 1830. Daisne passait l'actualité sous silence et utilisait des formules vagues – « ma ville natale », « une autre ville » (*ibid.*, p. 24) – pour se référer à l'espace de la narration. Delvaux, quant à lui, fait allusion à un réel flamand ou belge, en un style qui évoque pourtant aussi le réalisme magique. Le drame collectif, celui d'une Belgique en phase d'implosion, est exprimé ici par le biais d'un destin individuel.

Le film ne peut pas, contrairement au livre, se prévaloir exclusivement d'un narrateur à la première personne. Deux types de narrations se succèdent. Dans la première partie, le point de vue adopté par la caméra est de nature réaliste, objectivant ou extradiégétique pour reprendre une des catégories de Gérard Genette (Genette 1973). Cette première partie se donne à voir comme un drame bourgeois. Mathias Vreeman est Flamand et est professeur de linguistique française dans une université néerlandophone qui, à l'instar de Louvain pendant les années 1960, est sur le point de se scinder pour des raisons ethno-linguistiques. Anne, sa compagne, est Française. Elle s'est mal intégrée à la vie provinciale et cette inadaptation semble suggérer, au moment où l'histoire s'engage, la dissolution future de cette union entre le Flamand et la Française. Mathias doit donner une conférence dans une ville voisine. Anne voudrait l'accompagner mais Mathias, qui déplore le contexte de rejet dans lequel ils sont contraints de vivre, lui répond de la manière suivante : « Tu sais comment ils réagissent là-bas. C'est un milieu de nationalistes très fermé. Je ne pourrais même pas te présenter. » Et après un silence de quelques secondes, Anne de conclure : « Si je parlais anglais, ça arrangerait tout, évidemment. » Cette discussion se déroule, significativement, sur fond d'une manifestation estudiantine où, au rythme de slogans auxquels les étudiants flamands eurent effectivement recours – entre autres « Overheveling » et « Walen Buiten »[2] – l'avenir commun de Mathias et d'Anne est symboliquement hypothéqué. Dans la deuxième partie du film, soit le moment qui coïncide avec le voyage en train, le point de vue se modifie et la caméra devient subjective. Mathias prend en charge le rôle de narrateur, d'œil qui s'emploie, sur un mode délibérément sélectif, à filtrer le *vu*. Dans le roman de Daisne, cette fonction incombait à l'homme d'âge mûr qui relatait son étrange aventure et la rencontre avec ses deux alter ego. L'avènement de cet autre regard, subjectif, onirique et subliminal, est capital et constitue un des tours de force de ce film. Le film de Delvaux, par ce passage, propose également une réflexion sur le cinéma en tant qu'outil de représentation. Dans *Écrivains et cinéma*, Jeanne-Marie Clerc note que le naturalisme est la veine littéraire qui a donné lieu au plus grand nombre d'adaptations cinématographiques (Clerc 1985). Le film de Delvaux est un récit à « double fond » (De Decker 2003, p. 107). Le réalisateur belge crée effectivement un cadre naturaliste et a recours à un des stratagèmes narratifs les plus utilisés du genre (le naturalisme) : la représentation du collectif – en l'occurrence une Belgique en phase d'éclatement – par le truchement d'une mise en abyme relevant de l'individuel – le couple Mathias-Anne. Ce vernis naturaliste ne constitue toutefois pas une fin en soi. Delvaux le conçoit plutôt comme le premier terme d'une mise en scène, celle du cinéma lui-même, et lui donne l'occasion d'engager une réflexion sur la capacité de ce medium à faire voir ce qui, contrairement au cadre réaliste évoqué plus haut, relève d'une réalité plus intime, intérieure à un sujet méditatif et que je nommerais, faute d'expression plus spécifique, « stream of consciousness ». Il y a des textes – l'œuvre de Proust par exemple – qui vivent mal le passage à l'écran. Le défi consiste à traduire visuellement – cinématiquement – non seulement des états sensibles mais aussi une voix – celle du narrateur de *La Recherche* par exemple – qu'il serait malaisé de séparer mécaniquement du référent objectivable (« l'action », ce qui est mouvement et extériorité) car cette voix *est* la narration elle-même. La voix off comme substitut est, à cet égard, un procédé peu productif car il établit une distance entre cette voix, réduite au statut d'instance commentatrice et structurante, et le contenu visuel. Même *Le Temps retrouvé* (1999) de Raoul Ruiz, film qui parvient pourtant avec succès à traduire visuellement les états sensibles du narrateur, a recours à cette technique.

Dans *Un soir, un train*, Delvaux réussit à donner une traduction cinématique des propos que le narrateur du roman se tient à lui-même et adresse à ses compagnons. Ainsi que Delvaux le reconnaissait à propos de son adaptation de *L'Homme au crâne rasé*, « [l]a transposition d'une œuvre

---

[2] « Transfert » et « Wallons dehors ».

littéraire de fiction pose, par le passage d'un langage à un autre, des problèmes complexes, surtout quand le roman ou la nouvelle, de caractère spéculatif, tient de son langage propre l'essentiel de son intérêt » (Delvaux 1987, p. 262). Le roman dont il est question ici est travaillé par une problématique analogue ; il s'agit également d'une « […] œuvre tout intérieure » (*ibid*.). Le narrateur d'*Un soir, un train* se définit comme « intellectuel » (Daisne 2003 [1973], p. 22) et toute la difficulté du passage à l'écran consiste précisément à traduire « l'espace intérieur » (Delvaux 1987, p. 263) de cet homme. Par d'autres voies, voies qui appartiennent au langage cinématographique, le film se propose de dire l'intensité d'une réflexion portant sur les rapports entre l'art et la vie.

En plus de ces propos tenus aux confins de la linguistique, de la mécanique et de la métaphysique, le narrateur du court roman et ses amis explorent aussi le domaine littéraire. Val évoque l'importance des « […] nouveaux écrivains russes … Alexei Tolstoi, Ehrenburg, Kataiev … ». Le jeune homme loue tout particulièrement Kataiev et sa propension à souligner dans ses écrits que « […] la vie elle-même est belle et merveilleuse, quoi qu'on en fasse » (Daisne 2003 [1973], p. 56). Le narrateur et le vieil homme font bon accueil à ce stoïcisme et reconnaissent aussi le « sens merveilleux de [la] réalité » (*ibid*., p. 57). Plus loin, Hernhutter admet pourtant combien il est difficile de créer et surtout de s'arracher, comme le répéteront les critiques structuralistes et poststructuralistes, à l'emprise des discours. Il se compare ainsi à l'enfant « […] jouant avec un meccano » (*ibid*., p. 60) mais regrette de ne pas avoir été à même, pendant sa vie de chercheur, de « […] se défaire des pièces de meccano, car c'est la seule matière première dont dispose l'homme désireux de construire » (*ibid*., p. 61).

Le film ne reprend pas ces réflexions mais Delvaux se sert des ressources – visuelles et sonores – du cinéma pour engager une discussion sur la créativité intellectuelle et artistique. De cette manière, le réalisateur parvient à dépasser le cadre réaliste, ce référent belge mentionné plus haut, qui caractérisait la première partie du film. Ce changement de ton, soit ce glissement d'un discours réaliste vers un discours *ekphrastique* sur l'art et la création, coïncide avec l'arrivée des trois protagonistes principaux dans un univers spatio-temporel fortement teinté d'onirisme. Pour marquer ce passage, Delvaux, ainsi que le notait Fabien Gérard, a recours à « une étonnante trouvaille portant sur la suppression sonore de la scansion du train en marche » (Gérard 1987, p. 273). Dans ce désert marécageux et enneigé où ils aboutissent, Mathias et ses compagnons sont à la lisière d'un monde inconnu qui tranche singulièrement avec l'univers balisé qu'ils viennent de quitter… (illustration 2).

Illustration 2

Ce nouvel espace échappe au sens et à la réappropriation verbale, domaine qui est pourtant celui de Mathias, philologue éminent. Cette transition est aussi la deuxième phase d'une recréation axée sur le passé de Mathias. Cette quête commence dans le train. Dans un état intermédiaire entre la veille et le songe, le héros reconstruit, au gré de flash-backs fragmentaires, le temps où Anne et lui formaient un couple uni. Le retour en arrière, procédé cinématographique évidemment éprouvé, est donc mis à profit pour ressusciter ce passé. Dans cette recherche de ce qui n'est plus (ou de celle qui bientôt ne sera plus), Mathias juxtapose l'image d'Anne, assise en face de lui, à ces autres images qui surgissent de la mémoire. Ici, le souvenir d'un séjour à Londres, ville réelle mais aussi fantasmée : par Jean Ray, dans les aventures de Harry Dickson, personnage brièvement évoqué, mais aussi par William Turner, peintre de la Tamise que Delvaux, en un long plan fixe très pictural, émule avec beaucoup de bonheur. Là, les réminiscences décousues d'une promenade en campagne où les deux amants se perdent et, finalement, se retrouvent. Bientôt, toutefois, Anne se lève, quitte le compartiment et Mathias et ses alter ego se retrouvent dans ce désert évoqué plus haut. Au silence des lieux fait place la musique spectrale du compositeur Frédéric Devrees. L'orgue dit la disharmonie, ou la nouvelle harmonie, de ce nouvel espace et marque musicalement la rupture avec l'univers *bien tempéré* de la vie terrestre. Cette musique, paradoxalement, accentue le silence et le caractère insolite de la plaine glacée. Commence alors une descente orphique – Val manque de s'enliser

– où Mathias tente en vain de capturer l'image de la défunte. Cette recréation est toutefois vouée à l'échec car, ainsi que Mathias le souligne dans un dialogue avec Val : « [Anne] est belle, très belle mais ce n'est pas le genre de femme que l'on peut décrire [...] ». Val lui demande aussi depuis combien de temps ils se connaissent. Mathias lui répond qu'« avec elle, le temps n'a pas d'importance ». L'arrivée de Mathias en ce lieu inhospitalier coïncide donc avec une remise en question d'un certain ordre. Mathias est le représentant d'un ordre fait de certitudes où ce qui se conçoit bien s'énonce clairement. Il doit pourtant reconnaître que cette femme aimée lui échappe puisqu'elle se dérobe à l'emprise du temps et qu'elle est, ainsi qu'il le confiait à Val, indescriptible. Cet évanouissement met Mathias dans la situation de l'artiste et reflète ainsi la difficulté, constitutive de toute activité esthétique, de faire renaître la beauté, de rapprocher la copie de l'original. Cette descente orphique met aussi en relief l'irréductibilité de la mort. Mathias croit en l'infaillibilité de la science et, en tant que philologue et linguiste, souscrit à l'idée selon laquelle le langage peut effectivement maîtriser, ou représenter le monde et ses phénomènes. Il déclare à Hernhutter qu'Anne et lui-même ont sur cette question des points de vue opposés : « Je viens d'écrire une adaptation sur Elckerlijc, le Everyman anglais, et je ne suis jamais d'accord avec Anne. Elle ne croit pas qu'il suffise d'être conscient et lucide pour maîtriser la mort. Je connais ses arguments, elle connaît les miens et on discute ainsi depuis des mois. »

Elckerlijc est une figure qui appartient aux folklores flamand et hollandais. Il s'agit d'une pièce en vers, d'une « moralité », écrite en néerlandais à la fin du XVe siècle (Petrus Dorlandus : *Den Spyeghel der Salicheyt van Elckerlijc*) et qui, progressivement, s'est diffusée dans d'autres aires culturelles et linguistiques (« Everyman », « Jedermann »). La pièce met en scène des personnages allégoriques – représentant l'amitié, la beauté, la vertu, la confession ou encore le savoir – et s'articule à partir d'un dialogue, sous le haut arbitrage de Dieu lui-même, entre ce tout un chacun qu'est Elckerlijc et la Mort. La pièce dans le film joue ainsi le rôle de mise en abyme. Ce dialogue entre Elckerlijc et la Mort reflète la discussion qu'Anne et Mathias ont « depuis des mois ». Mathias, c'est Elckerlijc, le pécheur raisonneur qui a vécu en marge de la religion. Anne, par contre, est annonciatrice de la mort. Il s'avère qu'elle travaille, en tant que costumière, sur la représentation théâtrale d'Elckerlijc adaptée par Mathias et qu'elle défend une lecture spirituelle de la pièce. À propos de cette mort allégorisée, Werner, le metteur en scène de la pièce, émet la réflexion suivante : « Ça, c'est la mort traditionnelle du Moyen Âge. C'est une force absolue, symbolique. Or dans l'adaptation de Mathias, la mort est une des mille et une choses qui arrivent. C'est un événement parmi d'autres, c'est une force dont tout homme peut rester maître. C'est un personnage comme Elckerlijc, comme Vertu, comme Confession. » Anne l'interrompt toutefois : « Mais on ne peut pas toucher à la mort, Werner ! C'est une image fixée une fois pour toute dans le passé, c'est... c'est comme le Christ. »

Le point de vue d'Anne témoigne, pour conclure, de la survivance d'une part de mystère et d'une volonté de ne pas réduire le monde à un schéma explicatif unique. Le couple Mathias-Anne représente ainsi allégoriquement le réalisme magique et la tentative de poétiser ce qui, dans une réalité pourtant largement réductible, demeure inconnaissable. Dans *Un soir, un train*, André Delvaux renouvelle les assises de cette veine inspiratrice. Il rompt effectivement avec la dimension anhistorique du genre.[3] Delvaux ne fait pas de cette représentation auto-exotique de son pays une fin en soi. Le réalisme magique qui se donne à voir dans le film n'a en effet rien de complaisant et conserve, à près de quarante ans de distance, toute sa puissance politique. À cet égard, il serait intéressant, aspect qui à ce jour n'a fait l'objet d'aucune étude, de comparer la démarche de Delvaux à celle qui se manifeste, au même moment mais sur un autre continent, dans l'œuvre d'un Édouard Glissant ou d'un Alejo Carpentier.[4] Ici, comme là, l'auto-exotisme possède une dimension politique et émancipatrice. L'espace belge, c'est ce qui se dégage implicitement du film, n'est pas réductible à une pensée unique. Pour justifier la grande partition culturelle et linguistique qui se concrétise à un niveau institutionnel dans le courant des années soixante, le discours politique postule l'existence d'aires culturelles distinctes et discrètes. Delvaux, francophone de Flandre, débusque le caractère irrationnel de cette fausse logique qui sous-tend le nationalisme. Son film se refuse de fixer des frontières, de délimiter des territoires. Le passage du *même* à l'*autre* (comme celui de la vie à la mort) possède une dimension inchoative ou inertielle. Ce passage ne produit pas de véritable différence mais diffère, bien plus, l'actualisation d'un sens définitif et absolu.

Pierre-Philippe Fraiture
Université de Warwick

---

[3] Marc Quaghebeur insérait Jean Ray dans la catégorie des écrivains qui « évitent la modernité » (Quaghebeur 1998 [1982], p. 240).

[4] Fabien S. Gérard, dans « Delvaux et Bertolucci : deux visions du no man's land à l'écran », établit toutefois des analogies avec des cinéastes sud-américains tels que Raoul Ruiz, Hugo Santiagio ou Edouardo De Gegorio (Gérard 1987, p. 287).

Références

Aubert, Nathalie & P.-P. Fraiture, Patrick McGuinness (éds) (2007) : *La Belgique entre deux siècles (1880-1914) : laboratoire de la modernité*. Peter Lang, Oxford-Bern, coll. 'Romanticism in France and After'.

Baronian, Jean-Baptiste (1984) : *La Belgique fantastique, avant et après Jean Ray*. Jacques Antoine, Bruxelles.

Clerc, Jeanne-Marie (1985) : *Écrivains et cinéma*. Klincksieck, Paris.

Daisne, Johan (2003 [1973]) : *Un Soir, un train*. Éditions Complexe, Bruxelles.

De Decker, Jacques (2003) : Johan Daisne et la transfiguration, postface, in : Daisne, Johan (2003 [1973]) : *Un Soir, un train*. Éditions Complexe, Bruxelles.

Delvaux, André (1987) : Du Roman à l'écran : *L'Homme au crâne rasé*, in : Weisgerber, Jean (éd.) : *Le Réalisme magique. Roman. Peinture. Cinéma*, publié par le Centre d'Études des Avant-Gardes Littéraires de l'Université de Buxelles, Éditions L'Âge d'Homme, Lausanne, pp. 262-269.

Genette, Gérard (1973) : *Figures III*. Seuil, Paris.

Gérard, Fabien S. (1987) : Delvaux et Bertolucci : deux visions du no man's land à l'écran, in : Weisgerber, Jean (éd.) : *Le Réalisme magique. Roman. Peinture. Cinéma*, publié par le Centre d'Études des Avant-Gardes Littéraires de l'Université de Buxelles, Éditions L'Âge d'Homme, Lausanne, pp. 270-292.

Lysøe, Éric (1993) : *Les Kermesses de l'Étrange ou Le Conte fantastique en Belgique du romantisme au symbolisme*. Nizet, Paris.

Mosley, Philip (2001) : *Split Screen. Belgian Cinema & Cultural Identity*. State University of New York Press, New York.

Quaghebeur, Marc (1998 [1982]) : *Balises pour l'histoire des lettres belges*. Labor, Bruxelles.

Thiry, Marcel (1987 [1958]) : *Nouvelles du grand possible*. Labor, Bruxelles.

Thys, Marianne (éd.) (1999) : *Le Cinéma belge*. Ludion/Flammarion, Gand-Amsterdam.

Tillier, Alan (éd.) (2006) : *Paris, Eyewitness Travel Guides*. Dorling Kindersley, London.

Vichi, Laura (2002) : *Henri Storck : de l'avant-garde au documentaire social*. Yellow Now, Crisnée (Belgique), coll. 'Côté Cinéma'.

La bande dessinée
en Afrique subsaharienne francophone

par
Sébastien LANGEVIN

Tout comme la notion de « francophonie », la bande dessinée africaine se situe dans un véritable carrefour de langues et de cultures. Au carrefour des langues, car l'on trouve actuellement dans les divers pays de la zone francophone des bandes dessinées en français, mais aussi en wolof ou en lingala. L'utilisation de langues vernaculaires, des langues de la rue dans diverses capitales (Dakar, Kinshasa, Abidjan…) permet aux différentes populations de lire ces bandes dessinées. En Afrique comme partout dans le monde (à l'exception notable de la France et de la Belgique), la bande dessinée est un mode d'expression avant tout populaire. Réalité et qualitatif qui ne restreignent pas sa portée, sa qualité ou son pouvoir d'évocation.

La bande dessinée d'Afrique se trouve également au carrefour de différentes cultures à plusieurs titres. La bande dessinée en elle-même est déjà au carrefour de plusieurs « arts » : on pense immédiatement aux arts graphiques et à la littérature, mais on peut également parler du cinéma dont le langage est proche de celui de la bande dessinée par certains aspects. Peu à peu, la bande dessinée, ses auteurs et ses lecteurs ne souffrent plus de la comparaison avec ces arts reconnus et bien établis. Bien loin de se limiter à un support réservé à raconter de petites histoires aux enfants, la bande dessinée est un médium narratif à part entière qui cultive de par le monde ses spécificités, ses avantages et sa richesse.

La bande dessinée s'est plus particulièrement développée en tant qu'industrie culturelle dans trois aires géographiques dans le monde : le Japon, l'Europe et les États-Unis. Avec une incroyable production, tant en terme de quantité que de qualité, l'Archipel nippon demeure de très loin le premier producteur mondial de bande dessinée. Après les autres pays d'Asie, les *manga* (le mot signifie « bande dessinée » en japonais) séduisent depuis quelques années un nombre grandissant de lecteurs en dehors du Pays du Soleil levant, en particulier les adolescents européens et américains du nord.

La bande dessinée européenne, essentiellement française et belge, demeure très créative et commercialement dynamique. Outre les œuvres locales, les lecteurs francophones ont la chance de pouvoir bénéficier d'un très grand nombre de traductions d'œuvres étrangères qui font dire à certains spécialistes que l'on connaît actuellement un vrai « âge d'or » de la bande dessinée en France.

Alors que les super héros nord-américains séduisent de plus en plus Hollywood, la bande dessinée américaine se diversifie et touche désormais en priorité un public adulte. Volontiers contestataires et politiques, les *comics* se voient également bousculés par le grand nombre de mangas vendus en Amérique du Nord.

Partie bien après ses trois aînées, la bande dessinée d'Afrique subsaharienne tente de séduire son propre public. Il est difficile de parler de « bande dessinée africaine » : la zone subsaharienne francophone est vaste et recouvre des réalités très différentes selon les pays. Néanmoins, on peut à l'heure actuelle facilement isoler des exemples significatifs, les décrire et tenter une généralisation qui dégage de très intéressantes perspectives pour le médium en lui-même, mais également pour les populations qui peuvent y trouver un bon moyen pour se raconter en/des histoires.

Une mise au point : la bande dessinée est fréquemment perçue par les observateurs culturels et les membres de l'establishment culturel comme une production destinée seulement aux enfants. Là où elle a du succès en Afrique subsaharienne francophone, la bande dessinée ne s'adresse pas aux plus jeunes mais bien aux adultes. Cela ne signifie pas que la bande dessinée pour enfants soit vouée à l'échec. Pour l'instant, les thèmes humoristiques et satyriques à destination des adultes ont la part belle mais d'autres sujets se développent peu à peu.

Les origines de la BD en Afrique subsaharienne francophone

La BD est présente de longue date sur le continent africain, avec divers bonheurs. Les premières bandes dessinées arrivent dans les bagages des colons au lendemain de la Deuxième guerre mondiale. Dans les années 1960, l'Église utilise rapidement la BD pour toucher les différentes couches de la population.

Les décennies 1970 et 1980 sont ensuite marquées par des productions à visée pédagogique de diverses qualités, pour la protection des tortues ou contre le Sida, par exemple. Les institutions politiques nationales et internationales, organisations non gouvernementales (ONG) et services culturels d'ambassades s'emparent ainsi du médium pour diffuser des messages, sans vraiment prendre en compte ses spécificités ni sa valeur intrinsèque.

Peu avant l'an 2000, salons, festivals et colloques se développent. Kinshasa ouvre le bal en 1991 avec son premier Salon suivi de nombreuses éditions. En 1998, sont lancées à Libreville les premières journées africaines de la bande dessinée (JABD), reconduites l'année suivante. En 2001, le festival Cocobulles voit le jour à Abidjan, le deuxième épisode suivra en 2003. Le troisième a eu lieu en juin 2007 dans une Côte d'Ivoire qui tente toujours de sortir de ses divisions géographiques et politiques.

Trop longtemps donnée – et non vendue – aux populations ; souvent mal utilisée à des fins pédagogiques ; parfois entretenue par de confortables mais perverses subventions ; fréquemment (auto)bridée par des schémas artistiques et économiques hérités des cultures coloniales, en particulier dans les ex-colonies françaises et belges, la bande dessinée part en réalité avec de sérieux handicaps sur le continent africain.

Les lieux de la BD
Pourtant, la bande dessinée connaît actuellement de vrais succès sur le continent, en particulier dans les principales capitales francophones. Pour accueillir une industrie culturelle performante, une ville doit ainsi faire preuve dans le temps d'un bon équilibre entre le nombre de ses habitants, de la fiabilité de la sphère économique et industrielle et de la compétence des acteurs du domaine. Dans certains endroits, ces différents critères sont bien réunis, malgré les apparences.

Abidjan (Côte d'Ivoire) et le journal Gbich !
Cet hebdomadaire créé en 1997 est désormais diffusé à 20 000 exemplaires et vendu 300 francs CFA (environ 50 centimes d'euros). Planches de bande dessinée et articles de société légers alternent. La formule a séduit la rue abidjanaise et les personnages connaissent un véritable engouement populaire. Les héros, (souvent des anti-héros) sont le reflet d'Ivoiriens caricaturaux tels que l'on peut en croiser tous les jours dans les rues d'Abidjan : Sergent Deutogo, le policier corrompu mais sympathique, Gazou la doubleuse, jolie jeune femme qui tente d'user de ses charmes pour améliorer son quotidien ; Tomy Lapoisse, le personnage continuellement poursuivi par un triste sort…

Illustration 1

Premier d'entre eux, Cauphy Gombo est connu de tout Abidjanais (illustrations 1 et 2). Ce « buziness man » peine à cacher sa veste rapiécée derrière un attaché case rutilant, et tente de récupérer quelques centaines de francs CFA à la moindre occasion. Cet opportuniste maladroit et malchanceux qui vit de la « Gombo » (« la combine »), a vu ses aventures tragicomico-financières reliées en album.

Mieux encore, il a pris vie sur les écrans de télé de tous les Ivoiriens à travers une série de courts épisodes diffusés chaque soir. Pas de dessin animé ici, mais des acteurs en chair et en os, qui se donnent la réplique en un français émaillé de nouchi, la langue de la rue d'Abidjan, tout comme dans la bande dessinée. Cauphy, qui aimerait bien avoir l'air d'un vrai riche mais qui n'en a pas l'air du tout, s'est ainsi imposé en Côte d'Ivoire comme le symbole rieur d'une société où la qualité de vie ne cesse de se dégrader. À son image, jadis capitale économique luxuriante de l'Afrique de l'Ouest, Abidjan peine à garder de sa superbe dans une conjoncture politique et économique toujours aussi instable.

Motivée par un fondateur et directeur de la publication fondamentalement optimiste malgré une compréhension fine de la situation du pays et du continent, la rédaction de *Gbich !* (onomatopée d'un coup de poing) poursuit son travail hebdomadaire contre vents et marées.

La bande dessinée en Afrique subsaharienne francophone 173

Illustration 2

Considérée par ce que d'aucuns peuvent juger comme le petit bout de la lorgnette, l'actualité ivoirienne prend ainsi un relief particulier pour des lecteurs qui aiment à se retrouver dans les pages de leur magazine. *Gbich !* est devenu en quelques années l'un des principaux titres de la presse locale en terme de vente. Une réussite qui stimule une concurrence saine et batailleuse.

Dakar (Sénégal) et Goorgoorlou
Goorgorloou est un personnage né dans les pages de l'hebdomadaire *Le cafard libéré* en 1987. Son nom signifie « Le débrouillard » en wolof. Il

lutte pour réunir la DQ, la dépense quotidienne qui permettra à son épouse de nourrir la famille. Dans un pays gravement frappé par la dévaluation du franc CFA, Goorgoorlou est à l'image de nombreux Dakarois : un homme qui tente de gagner sa vie dans un contexte économique catastrophique (illustration 3). L'humour de cette série permet de rire du présent et de garder espoir en l'avenir.

Illustration 3

Kinshasa (République démocratique du Congo) et l'Acria
Déjà, dans les années 1960, des revues, dont la plus influente fut *Jeunes pour jeunes,* mettent en cases et en bulles le quotidien des Kinois. Ces publications écrites en langue populaire connaîtront une abondante descendance jusqu'à nos jours. Un auteur comme Mfumu'Eto symbolise parfaitement l'actuelle bande dessinée populaire kinoise, dans toute sa vivacité, son irrévérence et son extravagance (illustration 4).

Illustration 4

« Mfumu'Eto » signifie littéralement « Notre chef », en tshiluba, l'une des quatre langues nationales de la RDC. Guide spirituel qui oublie de se prendre trop au sérieux, Ambassadeur Mfumu'Eto 1er, comme il se nomme parfois, couche sur papier les *kinoiseries*, ces informations scandaleuses dont n'osent parler les journaux. Dans un tourbillon de dessins rapidement jetés et de textes en lingala, il fait se côtoyer politiciens ou artistes locaux et apparitions fantasmagoriques. La mort de Mobutu déclenche chez lui un déluge de délires politico-mystiques : il raconte par le menu l'histoire du « Guide éclairé » en enfer, refusé par Satan, engrossant une femme dans l'au-delà, puis subissant le supplice du pneu... (illustration 5). De Bandal au Congo à Matonge à Bruxelles, dans les quartiers populaires et populeux de la Cité, les lecteurs, « affamés », s'arrachent ces petits fascicules fabriqués artisanalement, photocopiés, puis vendus au coin des rues. Et Mfumu'Eto n'est pas seul sur le créneau de ces BD bon marché qui colportent la rumeur, nourrissent le peuple, et maintiennent les esprits en éveil.

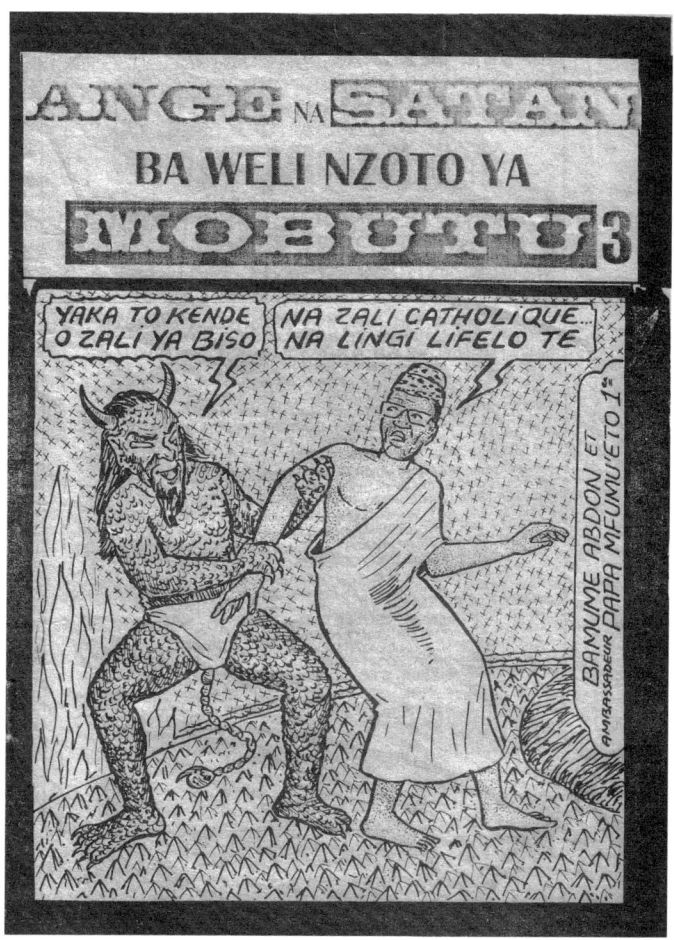

Illustration 5

D'autres choisissent les voies plus classiques de l'album relié et de la couleur, suivent des canons plus proches de la BD franco-belge. Souvent formés à l'Académie des beaux-arts de Kinshasa, réunis au sein de l'Atelier de création, recherche et initiation à l'art (Acria), de jeunes *bédéastes* (on parle bien de cinéastes) dessinent ensemble sur des tables encombrées, confrontent leurs expériences, et multiplient les publications. Parmi eux, une jeune mère de famille, Fifi Mukuna, a su par son talent indéniable gagner l'estime de ce milieu quasi-exclusivement masculin. Dans les pages de la revue *Africanissimo*, Tembo Kash, Pat Masioni et autres Hallain Paluku s'en donnent à cœur joie, sous l'œil vigilant bien qu'éloigné, de Papa Barly, le fondateur de l'association.

Barly Baruti est celui qui a su s'imposer comme dessinateur de BD au royaume de Tintin. Exilé volontaire en banlieue bruxelloise depuis une dizaine d'années, c'est un nom dans la BD franco-belge. Avec son alter ego-scénariste Franck Giroud, Barly publie en France des séries fortes et engagées. Sans pour autant délaisser Kinshasa où il revient régulièrement, entre autres pour former les nouvelles générations de bédéastes. Ambassadeur de la bande dessinée congolaise et africaine, Barly Baruti joue de son statut d'auteur reconnu pour mieux faire rebondir les jeunes pousses. En 1991, il organise avec l'Acria le premier festival de la bande dessinée et de la lecture pour la jeunesse à Kinshasa. La terrible guerre qui morcelle toujours le pays repousse jusqu'en 1999 la deuxième édition de cette manifestation. En septembre 2000, le troisième salon accueille les dessinateurs de six pays d'Afrique subsaharienne.

Les problèmes de la bande dessinée en Afrique subsaharienne francophone
En Afrique subsaharienne francophone, de nombreux auteurs réalisent des bandes dessinées de bonne qualité, les lecteurs apprécient la bande dessinée, quand elle leur est proposée. Il manque la cheville ouvrière entre producteurs et consommateurs : l'éditeur spécialisé de bande dessinée. C'est lui qui devrait préparer des bandes dessinées aptes à séduire le public, tout en le proposant à un prix susceptible de séduire une large part de la population. Lorsque le prix est faible et le produit de qualité, comme *Gbich !* en Côte d'Ivoire, le succès est au rendez-vous, même si le pouvoir d'achat des populations n'est pas grand.

Il revient également à l'éditeur de résoudre le problème majeur de la diffusion du livre en Afrique. Quasi inexistants, les réseaux de distribution et de diffusion ne peuvent assurer l'acheminement des ouvrages jusqu'aux lecteurs, et il n'est pas envisageable de construire de tels réseaux pour la seule bande dessinée.

La bande dessinée doit ainsi emprunter les réseaux de distribution de la presse qui eux demeurent souvent opérationnels. Partout dans le monde, sauf en Europe, la bande dessinée est avant tout un produit de presse, populaire et accessible au plus grand nombre.

Conclusion
Un intervenant de cette *Journée de la francophonie* évoquait le fait que plus de 80% des francophones seront prochainement sur le continent africain. Peu onéreuse à produire, comparée au cinéma par exemple, simple à appréhender et attrayante, la bande dessinée pourrait devenir l'un des moyens d'expression privilégié de l'Afrique. Elle est tout d'abord utile

pour que les Africains se racontent des histoires, pour que les Africains parlent aux Africains. Dans quelque temps, elle s'exportera certainement et parlera de l'Afrique aux autres francophones.

Sébastien Langevin

Notices bio-bibliographiques

Marie-Madeleine Bertucci
Marie-Madeleine Bertucci est professeur des universités en Sciences du langage à l'Institut universitaire de formation des maîtres de l'Université de Cergy-Pontoise. Ses domaines de recherche portent sur la sociolinguistique, et notamment sur l'enseignement du français en France et en francophonie, les processus de construction des identités et le plurilinguisme, la sociologie des phénomènes migratoires, l'étude des marges et des périphéries. Dernières publications : « Enseigner les langues d'origine ». *Le Français aujourd'hui* n° 158 (coord. avec C. Corblin), A. Colin, Paris/AFEF, septembre 2007. « Etudier la langue ». *Les Cahiers pédagogiques*, 453 (coord. avec J. David), CRAP, Paris, 2007. « La notion de sujet », in : Bishop, M.-F. & A. Rouxel (coord.) : *Sujet lecteur, sujet scripteur, quels enjeux pour la didactique ? Le Français aujourd'hui* n° 157, A. Colin, Paris/AFEF, 2007. « École : quel français en partage ? », in : Argod-Dutard, F. (dir.) : *Le français : des mots de chacun, une langue pour tous.* Actes des Troisièmes Lyriades de la langue française, Ministère de l'Éducation nationale, Direction générale à la langue française, Francofffonies, Rennes, PUR, 2007.

Charles Bonn
Charles Bonn a enseigné aux universités de Constantine, Fès, Lyon 3, Paris 13, et enfin Lyon 2 et Leipzig. Ancien directeur du Centre d'Études littéraires francophones et comparées à l'Université Paris 13, et co-directeur des revues *Itinéraires et contacts de cultures* et *Études littéraires maghrébines*. Directeur du programme documentaire informatisé *Limag* et du site *http ://www.limag.com*. Principales publications : *La Littérature algérienne de langue française et ses lectures* (Naaman, 1974), *Le Roman algérien de langue française* (L'Harmattan, 1985), « *Nedjma* », *de Kateb Yacine* (PUF, 1990), *Anthologie de la littérature algérienne* (Librairie générale française, 1990). Co-directeur de plusieurs publications collectives, dont la collection 'Littératures francophones' (Hatier/AUPELF, 1997 et 1999). Dirige de nombreuses thèses sur les littératures du Maghreb et de l'émigration.

Daniel Chartier
Daniel Chartier est professeur au Département d'études littéraires de l'Université du Québec à Montréal et directeur-fondateur (2003) du Laboratoire international d'étude multidisciplinaire comparée des représentations du Nord. Il est aussi le fondateur de la *Revue internationale d'études québécoises*, *Globe*, qu'il a dirigée de 1998 à 2003 ; il a dirigé également la revue *Voix et Images* de 2003 à 2007. Principales publications : *L'émergence des classiques* (1998), *Guide de la culture au Québec* (1999), le *Dictionnaire des écrivains émigrés au Québec*, 1800-2000 (Nota Bene, Québec, 2003), *Littérature, immigration et imaginaire au Québec et en Amérique du Nord,* (éd. en coll. avec Véronique Pepin et Chantal Ringuet), L'Harmattan, Paris, coll. 'Etudes transnationales, francophones et comparées', 2006. Sous sa dir. : *Le(s) Nord(s) imaginaire(s)*, Imaginaire du Nord, Montréal, coll. 'Droit au pôle', 2008. Membre du Centre de recherche sur la littérature et la culture québécoises (CRILCQ), il codirige également le projet collectif « Iceland and Images of the North » (2007-2010) à l'Académie de Reykjavik. Il est devenu en 2007-2008 le premier titulaire de la Chaire d'études du Québec contemporain à l'Université Sorbonne Nouvelle-Paris 3.

Carine Corajoud
Carine Corajoud est assistante au *Centre de recherches sur les lettres romandes* de l'Université de Lausanne (Suisse) où elle collabore à un projet de recherche portant sur les intellectuels suisses romands de l'entre-deux-guerres. Ses travaux portent sur l'écrivain vaudois Edmond Gilliard, dans une optique socio-historique à travers la question de la légitimité littéraire.

Florence Davaille
Florence Davaille est enseignante titulaire et chercheur au département de Lettres Modernes et à l'Institut Pluridisciplinaire d'Etudes Canadiennes de l'Université de Rouen. Elle est titulaire d'un doctorat en stylistique (Université de Paris IV) sur la poésie de Jules Supervielle. Elle a publié divers articles sur l'œuvre de ce poète, sa correspondance avec Jean Paulhan et sur la littérature québécoise. Dans ce domaine, elle s'est intéressée aux littératures migrantes, à la revue *vice Versa*, à l'écriture en français langue seconde, et plus récemment à la question de la *nordicité* dans la poésie québécoise. Elle est chercheur associé au laboratoire « Imaginaire du Nord » de l'UQAM (dir. Daniel Chartier). Exemple de publications : « *Julio* Supervielle/*Jean* Paulhan : quel(s) lieu(x) commun(s) ? », in : Claude Pérez (dir.) : *Jean Paulhan et les poètes,* Presses universitaires de Provence, Aix-en-Provence, juin 2004. « Ecrire dans la langue seconde : l'expérience d'Alison Lee Strayer dans son roman *Jardin et prairie* », in : Morency, J., H. Destrempes, D. Merkle & M. Paquet (éds) : *Des cultures en*

contact, Nota bene, Québec, coll. 'Terre américaine', 2004. « L'interculturalisme en revue : l'expérience de *vice Versa* », *Voix et images*, Montréal, mai 2007.

Pierre-Philippe Fraiture

Pierre-Philippe Fraiture est Associate Professor dans le Department of French Studies de l'Université de Warwick (Grande-Bretagne). Il y enseigne les littératures belge et francophone. Il a consacré deux ouvrages aux imaginaires littéraires relatifs à l'Afrique centrale : *Le Congo belge et son récit francophone à la veille des indépendances* (L'Harmattan, 2003) et *La Mesure de l'Autre* (Champion, 2007).

Lise Gauvin

Écrivaine, critique littéraire et professeure émérite à l'Université de Montréal, Lise Gauvin a dirigé la revue *Études françaises* de 1994 à 2000 et le département du même nom de 1999 à 2003. Principales publications : *Écrivains contemporains du Québec* (anthologie, co-auteur Gaston Miron, Seghers, Paris, 1989, nouvelle édition l'Hexagone, Typo, Montréal, 1998), *L'écrivain francophone à la croisée des langues* (Karthala, 1997 et 2006, prix France-Québec), *Langagement. L'écrivain et la langue au Québec* (Boréal, 2000) et, en collaboration, *Littératures mineures en langue majeure : Québec/Wallonie-Bruxelles* (PIE-Peter Lang et PUM, 2003). En 2004, *La fabrique de la langue. De François Rabelais à Réjean Ducharme* (Seuil, coll. 'Points-essais') reçoit une Mention spéciale du jury du Grand Prix de la critique 2004 (PEN français). Elle a également publié, en 2007, *Quelques jours cet été-là* (Punctum, Paris) et *Écrire, pour qui ? L'écrivain francophone et ses publics* (Karthala, Paris). Ses *Lettres d'une autre ou « Comment peut-on être québécois ? »* (Typo, Montréal) ont été rééditées pour la sixième fois.

Lucie Hotte

Lucie Hotte est titulaire de la Chaire de recherche sur les cultures et les littératures francophones du Canada et professeure agrégée au Département des Lettres françaises de l'Université d'Ottawa, où elle enseigne les littératures québécoise et franco-ontarienne. Elle a publié de nombreux articles portant aussi bien sur les textes franco-ontariens (romans, poésie, théâtre), sur la critique que sur les enjeux institutionnels. Son essai sur l'inscription de la lecture, *Romans de la lecture, lecture du roman. L'inscription de la lecture*, paru aux Éditions Nota Bene, en 2001, lui a mérité le Prix Gabrielle-Roy. Elle a dirigé plusieurs ouvrages collectifs, dont *Thèmes et variations : regards sur la littérature franco-ontarienne* (Prise de parole, 2006) en collaboration avec Johanne Melançon.

Jean-Marie Klinkenberg
Jean-Marie Klinkenberg enseigne les sciences du langage à l'Université de Liège, et en particulier la rhétorique et la sémiologie. Il y enseigne aussi les cultures francophones (belge et québécoise en particulier). Il a publié plus de 500 travaux dans ces domaines, depuis *Rhétorique générale* (1970), un classique des sciences humaines élaboré au sein de l'équipe interdisciplinaire mondialement connue sous le nom de Groupe µ, jusqu'à *La littérature belge, précis d'histoire sociale* (Labor, Bruxelles, 2005 ; avec Benoit Denis), en passant par *Le sens rhétorique* (1990), *Traité du signe visuel* (1992) et *Précis de sémiotique générale* (2000). Autres travaux récents : *La langue et le citoyen* (PUF, Paris, 2001) et *Petites mythologies belges* (2003). Jean-Marie Klinkenberg est membre de l'Académie royale de Belgique.

Sébastien Langevin
Après une formation en lettres, en sciences du langage et en journalisme, Sébastien Langevin est devenu journaliste spécialisé dans deux domaines : l'éducation et la bande dessinée. Il a été premier rédacteur à la revue *Le français dans le monde* et a collaboré à des magazines pour jeunes comme *Phosphore*. Dans le domaine de la bande dessinée, il a été rédacteur en chef adjoint de *Bachi-Bouzouk* et a fondé le magazine *Le virus manga*. En 2006, il a co-écrit *Le manga* aux Éditions Milan. Il participe à l'organisation du Festival international de la bande dessinée d'Angoulême dans les domaines de la bande dessinée africaine et du manga.

Alain Mabanckou
Alain Mabanckou est l'auteur entre autres de *Verre Cassé* (Seuil, 2005), Prix des Cinq continents de la Francophonie, Prix RFO du livre et Prix Ouest-France Étonnants Voyageurs. *Mémoires de porc-épic* (Seuil, 2006) lui a valu le Prix Renaudot 2006. Il vit à Santa Monica (Californie), où il enseigne la littérature à l'Université de Californie-Los Angeles (UCLA).

Daniel Maggetti
Daniel Maggetti est professeur à l'Université de Lausanne où il dirige le Centre de recherches sur les lettres romandes. Il a dirigé plusieurs éditions scientifiques de textes, et publié de nombreuses études – historiques, sociologiques et monographiques – portant sur la littérature de Suisse romande, en particulier *L'Invention de la littérature romande, 1830-1910* (Payot, Lausanne, 1995). Il a par ailleurs publié des récits, *La Mort, les anges, la poussière* (Éd. de L'Aire, Vevey, 1995), *Chambre 112* (Éd. de L'Aire, Vevey, 1997), *Les Créatures du Bon Dieu* (Éd. de L'Aire, Vevey, 2007), ainsi qu'un recueil de poèmes, *Pleins-Vents* (Éd. Empreintes, Moudon, 2000).

Notices bio-bibliographiques

Jean-Marc Moura
Jean-Marc Moura est professeur de Littérature comparée à l'Université Charles de Gaulle-Lille III; directeur du Centre de Recherches en Littérature Générale et Comparée au même endroit ; membre du Comité exécutif de l'Association Internationale de Littérature Comparée.

Ses principaux ouvrages sont : *L'Image du tiers monde dans le roman français contemporain*, Presses Universitaires de France, Paris, coll. 'Écriture', 1992 ; *Lire l'Exotisme*, Dunod, Paris, 1992; *La Littérature des lointains. Histoire de l'exotisme européen au XXe siècle*, Champion, Paris, 1998; *L'Europe littéraire et l'ailleurs*, Presses Universitaires de France, Paris, coll. 'Littératures européennes', 1998; *Littératures francophones et théorie postcoloniale*, P.U.F., Paris, coll. 'Lettres francophones', 1999 (nouvelle édition, coll. 'Quadrige' en 2007) ; *Exotisme et lettres francophones*, P.U.F., Paris, 2003.

Lise Toft
Lise Toft, docteur ès lettres (Ph.d) du Centre d'Études Canadiennes (CEC) de l'Université Sorbonne Nouvelle-Paris 3, travaille notamment sur le discours médiatique sur les immigrants au Canada. En études francophones elle s'intéresse en particulier à la littérature québécoise et est co-auteure du livre *Amours et Cultures. Textes du Québec contemporain* (Gyldendal, Copenhague, 2006).

Lisbeth Verstraete-Hansen
Lisbeth Verstraete-Hansen, docteur ès lettres (Ph.d.) de l'Université de Copenhague, est actuellement chargée de recherches dans le Département de langues, cultures et communication à Copenhagen Business School où elle travaille sur la demande sociale en langues. Dans le domaine des littératures francophones, elle a notamment publié *Littérature et engagement en Belgique francophone. Tendances littéraires progressistes 1945-1972* (PIE-Peter Lang, Bruxelles, 2006).

Les droits d'auteurs des illustrations

L'article de Daniel Chartier

Ill. 1 p. 146 ONF, Office national du film du Canada/National Film Board of Canada

Ill. 2 p. 147 ONF, Office national du film du Canada/National Film Board of Canada

Ill. 3 p. 148 ONF, Office national du film du Canada/National Film Board of Canada

Ill. 4 p. 149 ONF, Office national du film du Canada/National Film Board of Canada

Nous remercions l'Office national du film du Canada pour l'aimable autorisation de reproduire les images des films *Le chat dans le sac* et *La neige a fondu sur la Manicouagan*.

Ill. 5 p. 151 © Max Films. Crédit photographique : Philippe Bossé
Ill. 6 p. 152 © Max Films. Crédit photographique : Philippe Bossé

L'article de Pierre-Philippe Fraiture

Ill. 1 p. 158 CINE MAG BODARD/Jürgen Vollmer/D.R.
Ill. 2 p. 164 CINE MAG BODARD/Jürgen Vollmer/D.R.

L'article de Sébastien Langevin

Ill. 1 p. 172 © 2001 N'Ganza/G. Thierry – Editions Gbich ! Légende : Dessin decouverture du numéro 108 de *Gbich !* (2-8 novembre 2001)

Ill. 2 p. 173 © 2003 Zohoré/Miezan – Editions Gbich ! Légende: Aventure de Cauphy Gombo, dans le numéro 213 de *Gbich !* (14-20 novembre 2003)

Ill. 3 p. 174 © 2001 T.T. FONS, Légende : Couverture de l'un des recueils d'histoire de Goorgoorlou, au Sénégal

Ill. 4 p. 175 © 1997 Mfumu'Eto, Légende : Couverture d'une publication de Mfumu'Eto, en RDC

Ill. 5 p. 176 © 1997 Mfumu'Eto, Légende : Couverture d'une publication de Mfumu'Eto, en RDC